不与自己对抗，你就会更强大

The Mindful Path to Self-Compassion

［美］克里斯托弗·肯·吉莫◎著
Christopher K.Germer, PhD
李龙◎译

北京联合出版公司
Beijing United Publishing Co.,Ltd.

图书在版编目（CIP）数据

不与自己对抗，你就会更强大 / (美) 克里斯托弗・肯・吉莫著 ; 李龙译.
—— 北京 : 北京联合出版公司，2018.6（2023.4重印）
ISBN 978-7-5596-1543-5
Ⅰ. ①不…… Ⅱ. ①克…… ②李…… Ⅲ. ①成功心理－通俗读物 Ⅳ. ①B848.4-49
中国版本图书馆CIP数据核字(2018)第007839号

北京市版权局著作权登记号：图字01-2017-8323号

不与自己对抗，你就会更强大
The Mindful Path to Self-Compassion

著　　者：[美]克里斯托弗・肯・吉莫
译　　者：李　龙
责任编辑：徐　鹏
封面设计：华夏视觉
装帧设计：季　群

北京联合出版公司出版
（北京市西城区德外大街83号楼9层　100088）
北京联合天畅发行公司发行
小森印刷霸州有限公司印刷　新华书店经销
字数200千字　640毫米×960毫米　1/16　16.25印张
2018年6月第1版　2023年4月第2次印刷
ISBN 978-7-5596-1543-5
定价：36.00元

导言

战胜自己是一个谎言

生活中充满艰难险阻。尽管我们做了最好的打算，事情还是会出错，甚至会大错特错。我们中间90%的人结了婚，怀着希望和乐观的心态，最终却还是有40%的婚姻走向了破裂。我们努力去迎合生活的种种要求，结果却落得浑身都是压力带来的各种病症——高血压、焦虑症、忧郁症、酗酒，或者免疫系统衰弱等等。

当事情四散崩碎、失去控制的时候，我们最典型的反应是什么？大部分时候，我们会羞愧自责：

“我到底怎么了？”

“为什么我就不能处理好？”

“为什么倒霉的是我？”

或许我们在做的只是将自己束缚住，不断用辱骂来伤害自己，跟在别人后面对自己落井下石。面对伤痛，我们似乎选择了全力抗拒这条路，而不是让自己休息一下。

我们一心想要战胜自己——战胜自己的恐惧和焦虑，战胜自己的悲伤和忧郁。可是，不管我们如何努力对抗情绪上的痛苦，它还是一直如影随形地跟随我们。痛苦的感情，如羞愧、愤怒、孤独、恐惧、绝望和困惑等，总能准时地找上门来。当事情向我们意料之外发展，当我们与心爱之人分隔，或者当我们病痛、老去、面对死亡的时候，痛苦的情绪总能翩然而至。无论我们如何努力反抗，都无法避免沮丧的心情。

于是，战胜自己便成了一个谎言。

不管你是谁，你永远也无法战胜自己；与自己为敌，你注定会陷入无边的苦海。那么，面对不能战胜的自己，我们应该怎么办呢？一位将军说过，你战胜不了对方，就请加入他们。同样，你不能战胜自己，却可以接纳自己；你不能战胜自己心中的痛苦，却可以接纳它们。实际上，我们完全可以放弃奋力抗争，学会用一种全新的方式来面对痛苦的感情，这就是“自我同情”。

自我同情，就是敞开自己的心灵，清醒地去接受自己所遭受的痛苦，并对自己施以理解和关怀。一句话，用关心亲人的方式来关心自己。如果你在孤独悲伤的时候一向喜欢不断打击自己，如果你在犯错之后总是想要逃离这世界，或者一直沉浸在悔不当初的幻想之中，这时，自我同情就是一种比较彻底的解决方案。当别人遭受痛苦时，你总能给予关怀和温暖，在你自己遇到困难时，又有什么理由拒绝自我同情呢？

获得别人的同情，我们会显得弱小；获得自我同情，我们就会变得强大。

为什么自我同情会让我们变得强大呢？因为直接与情绪伤痛抗争，我们无疑会深陷其中。在抗争的过程中，痛苦的情绪会变得极具破坏性，它能击溃我们的思维、身体以及精神。感情被困住了——冻结在时间里——而我们被困在了感情里。因此，如果我们与自己内心的痛苦对抗，一切都会变得更糟：人际关系中我们一直渴望的快乐会因此而消失，工作中的成就感也会跑到我们够不到的地方。我们疲惫不堪地熬过每一天，与身体和心灵上的痛苦争吵不休，根本无法品尝到幸福的滋味。

我们对待痛苦的态度，决定了我们的心灵是否强大。

当事情出错，我们感觉痛苦不堪的时候，如果我们带着不同寻常的关怀面对自己的情绪伤痛，敞开心灵接纳，而不是与它们为敌，奋力抗拒，那么，心灵的变化就会自然到来。不再自责、批评，不再试图纠正自己，也不再试图纠正他人，甚至纠正整个世界，从自我接受开始，我们便走进了一个新的世界。这样简单的转变可以给我们的生活带来巨大的改观。

想象你的妻子或者丈夫刚刚责怪你不该对着女儿叫嚷，这让你觉得受到伤害，于是引发了一场争吵。你会不会觉得自己被误解了，没有被尊重，没有被爱，或者自己不值得被爱？也许你确实在表达感情时说错了话，但更有可能是你的伴侣对你说的话反应过激，生气过头了。现在，试着想象自己在争吵之前，深呼吸一下，然后对自己说："最重要的一点是，我想要做一个好家长。当我对着自己的孩子叫嚷时，感到如此痛苦。我爱我的女儿超过这世界上的其他任何事物，但是有时候我会忘记这一点。我想，我只是个普通人。希望我能学着原谅我所犯的错误，也希望我们能找到一种方式一起平和地生活。"你能感觉到这样做之后的变化吗？

短暂的自我同情，可以改变你的一整天；时空中一长串这样的自我同情，就可以改变你的一生。通过自我同情，将自己从破坏性想法和情绪的禁锢中解放出来，可以由内而外提升你的自信，减少忧郁和焦虑，使你的心灵变得强大无比。

然而，很多时候，我们面对挫折和痛苦常常会采取一种截然相反的态度，我们像对待外面的威胁一样对待自己的情感，不是给予同情，而是极力排斥和抗争，从而让自己饱受情感的煎熬。能够在面对一只剑齿虎时成功生存下来的方法，在感情生活中并不适用。我们本能地与不良情绪展开激烈搏斗，好像在应对外来的死敌。然而，在自己的内心与它们展开战斗，只会让事情变得更糟：

对抗焦虑的结果反而可能使其发展成为极端的恐慌症；

压制悲痛反而会导致慢性的忧郁症；

竭力入睡反而可能让你彻夜难眠。

当我们被卷入痛苦之中时，我们同时展开了一场与自我的战斗。人体在面临危险时，一般会通过战斗、逃跑，或者静息（在适当的位置保持静止不动）来实现自我保护。但是，当我们遇到情绪上的挑战时，这些反应就变成了可怕的三件套——自我苛责、自我隔离和自我沉迷。

自我同情是解决情感问题的良药。一个人只有学会了自我同情，他才能把痛苦转化为力量，让自己的内心变得强大；一个人也只有在内心强大之后，才能承受更大的痛苦和磨炼，获得辉煌的人生。

第一部分

强大不是因为你战胜了自己，而是接纳了自己

第二部分

自我同情消除了对抗，平静的内心便会产生出强大的慈爱的力量

第三部分
每个人都可以觉醒，人人都可以成佛

The Mindful
Path to Self-
Compassion

第一部分

01 强大不是因为你战胜了自己，而是接纳了自己

第1章

与自己对抗，你永远成不了赢家

苦难本身并不可怕，由苦难而生的怨恨才是真正的痛苦。

——艾伦·金斯伯格，诗人

不管是在地球的这边，还是在地球的那边，总有一些喜欢与自己对抗的人。他们对自己不满，不能容忍自己内心产生的负面感情——焦虑、恐惧、失败和羞愧等，拼命要战胜它们。结果，他们越是奋力反抗，自己就陷得越深。

米歇尔就是其中之一。

她几年来一直遭受着害羞给自己带来的困扰。尽管她阅读了很多关于克服害羞的书，也尝试治疗过四次，但最后都失败了。米歇尔是一位特别聪敏而勤奋的姑娘，给我留下的印象十分深刻。当她向我诉完苦后，我深呼吸了一下，还没来得及开口，米歇尔就脱口而出："我对你的建议感到害怕，因为可能又不会有什么效果！"显然，她对我要说的话已经有了失望的预期，我知道这是由于焦虑造成的，因为她已经失望过很多次了，这次不想再失望了。米歇尔最近刚刚拿到一所著名大学的MBA学位，并获得了一份为某大型公司做顾问的工作。然而，在与别人交谈时，她却常常会害羞脸红。她觉得这样会传达出一种信息，表明自己不够称职，别人不应该对她的话过于信任。而且，她越是担心脸红，她的脸就红得越厉害。这个新工作是她职业生涯中的一次重要机会，她不想因为脸红而失去了它。

我肯定了她的想法："你的预感也许是对的，我所有的建议可能都不会有效。不过，我却坚信你并不是一个注定要失败的人，绝对不是！"我很清楚，她以前之所以失败，问题主要出在目标上，她总是与内心的羞愧为敌，错误地以为自己能战胜它们。

正如米歇尔在她多年的挣扎中表现出来的情况一样，许多我们试图让自己感觉好一点儿的措施，实际上只会让我们感觉更糟糕。就像那个著名的思维实验："努力不要去想粉色的大象——特别巨大而且特别粉红的那种。"一旦某种想法在我们的脑海中扎根，每次我们试图不要去想的时候，它都会被刻得更深。弗洛伊德总结了这一现象，称之为潜意识中的"无否定"。与之类似，不管我们用什么方法去驱赶内心的痛苦——放松技巧、封闭思维、积极强化等等，最终都只能收获失望。

当我们讨论这些事情的时候，米歇尔开始轻轻抽泣。我不太确定是因为她感觉更加失望了，还是因为刚刚所说的与她的经历如此相符。她告诉我，甚至连她的祷告也毫无回应。我跟她讨论了两种类型的祷告：一种是希望上帝能够把坏的东西赶走，另一种则是放弃挣扎——“放开手，把一切交给上帝。”米歇尔说她从来没有将自己的难题完全交给上帝，那不是她的风格。

逐渐地，我们开始谈到怎样才能真正减轻她焦虑和脸红的症状——不是深呼吸，不是狠掐自己，不是喝冷水，也不是假装镇静。米歇尔不是那种轻易放弃自身努力的人，所以，她需要找到一些完全不同的方法。米歇尔注意到，她越是接受自己的焦虑，焦虑就会变得越轻；她越抗拒，焦虑反而会越重。因此，对于米歇尔来说，在生活中学会“接受”——接受自己的焦虑，接受自己就是一个容易焦虑的人——是十分有益的。我们的治疗效果不是以她脸红的频率和次数，而是以她对自己脸红的接受程度来作为衡量。这对米歇尔来说是一种全新的概念。在我们第一次治疗结束后，她兴奋地离开了，虽然还有一点点困惑。

接下来的一周，她给我发了一封电子邮件，高兴地宣布“有效果了”。她对我说，每次她注意到自己又开始焦虑的时候，就会对自己说：“我只是被吓住了，只是被吓住了而已。”给自己的恐惧贴上标签，似乎能够将她的注意力从自己有多脸红上转移开来，这给她带来了一些改变。现在，她已经能够不出什么差错地跟同事们在餐厅里简单地闲聊了。

然而，到我们下一次会面时，米歇尔的情绪又低落了下来。她再次进入餐厅的尝试，又变成了一场跟脸红之间的战斗。因为她又开始跟自己较上了劲，内心又充满了这样的愿望：我一定不要显得焦虑。对米歇尔来说，“接受”本来已经开始起作用了，但是她却轻易放弃了接受焦虑的尝试。在米歇尔的心里始终住着一个顽固的小人，她在说：“我一定要努力为减轻焦虑而练习接受自己。”其实，这并不是真正的接受。真正的接受，意味着接纳在我们身上发生的任何事情，时时刻刻，原原本本。有时候可能是我们喜欢的感觉，有时候则可能要容纳痛苦的感觉。我们很自然地想要延续自己喜欢的感觉，停止痛苦的感觉，但是刻意为了这样的目标而努力，反而不能起作用。问题的唯一答案是，首先要接纳我们的问题，全面地，彻底地，不管是怎样的问题。

米歇尔的故事在两年之后，慢慢有了一个圆满的结局。米歇尔发现了应该怎样与她敏感的神经系统和谐相处：当她努力试图不脸红的时候，一定会旧病复发；但是如果她做好准备让一切顺其自然地发生，反而不会再脸红了。米歇尔接受了自己的脸红之后，也就不再脸红了。不仅如此，她还发现可以将同样的原理运用到因压力引起的其他症状上，这些症状包括每天都会在工作中出现的胸闷、头痛和心悸等等。从此，她的生活逐渐变得轻松多了。

为了获得幸福，我们必须能够接纳不幸

自从我们呱呱坠地的那一刻起，就一直在追寻幸福快乐。在襁褓中时，仅仅是母亲的乳汁就能让我们心满意足，但是随着年龄的增长，我们的需求和欲望也在急剧膨胀。进入成年之后，除非同时拥有了一个幸福美满的家庭、一份体面的工作、一副健康强壮的身体、充足的金钱，还有别人的爱慕和崇拜……只有等这些全部具备的时候，我们中的大部分人才会感到幸福。

但是，即使是在最好的境况下，感情上的痛苦仍有可能会袭来，就像亿万富翁霍华德·休斯那样，在临终前却发现自己绝望

而又孤独。另外，我们的境况会不可避免地随时间改变：一个人结了婚，可能又会离婚，还有可能生下一个先天残疾的婴儿；有的家庭还会因一场洪水使全部家产毁于一旦。每个人一生中都会遭遇或多或少的、各式各样的苦难，虽然数量和形式有所不同，但每个人都无法逃过。

疼痛和苦难像一条细细的线，将所有人串联在一起。

痛苦让事情在其本来的面貌和我们所期望的样子之间发生了冲突，从而使我们对生活产生出了不满。我们冀望的生活与现实差别越大，我们就感觉越糟糕。比如说，如果一场车祸让一个人永远坐在轮椅上生活，那么第一年往往是最艰难的。当我们试着学会适应之后，通常又会回到原来的幸福水平上。我们可以用事情的原貌和我们的期望之间的差距来衡量我们的幸福感。

每个人都骑着一辆追逐快乐的脚踏车

其实，我们每个人都骑着一辆脚踏车，用力蹬踩，追逐快乐。我们通过不停地追求近在眼前的东西——一段更甜蜜的婚姻、一份更容易的工作、一辆更漂亮的车子……徒劳地想要到达幸福的终点。但关键问题是，我们的神经系统会迅速适应任何熟悉的事物。一旦你得到了一辆漂亮的新车，你能欢喜多久就又开始思量着翻新你的房子？有研究表明，大多数彩票中奖者最终并不会比没中的人更快乐，而截瘫患者通常能够变得像双腿健全的人一样满足。不知道是好还是坏，生活中的好事和坏事我们都能够适应，正如俗语所说："人没有吃不了的苦。"

然而，当我们在这辆追逐快乐的脚踏车上蹬踩得太久以后，可能会疲劳甚至生病。罗伯特·萨波斯基有一本关于压力的来源及其后果的书，十分有趣而且信息丰富，名字叫《为什么斑马不会得溃疡》。在书中，他描述了动物们怎样完美地通过适应性来度过身体上的危机。设想一只斑马刚刚从狮子口中逃走，而那只狮子刚刚想要把它的肚子撕开；当危险过去之后，这只斑马很快就会重新回到原地，平静地吃草。但是，我们人类通常会怎样做？我们会为即将到来的危险提前做准备，也会对已经过去的危机耿耿于怀。萨波斯基问道："有多少只河马会担心，社会保险有没有像它们希望的那样一直持续下去，或者它们第一次约会的时候该谈论些什么？"我们人类用应对肉体危机的方式来应对心理危机，这种一直持续的危机感会让我们整体的压力水平上升，从而增加心脏病、免疫机能失调、性功能问题，以及其他更多心理问题的产生。

大部分人认为，我们的幸福建立在外部的生活条件之上。因此，我们将一生都消耗在那辆脚踏车上，不断地计划着、安排着，去追求快乐，逃避痛苦。如果我们正处在快乐之中，会想要抓住更多；如果正经历着痛苦，则会尽力逃避。这两者都是本能的反应，但对于情感的健康而言，却不是正确的策略。追求快乐的问题在于，快乐会在某一时刻结束，而我们会因此陷入失望；热恋之后，我们会对爱情麻木；吃多了，肚子会胀痛；与朋友欢快的聚会后，终究会曲终人散。天下没有不散的宴席，也没有永恒的快乐。逃避痛苦的问题在于，你根本不可能做到，而且我们越是尽力去尝试，事情反而会变得越糟糕。比如说，为减轻压力而大吃大喝会引起肥胖，为了克服自卑而操劳过度又会缩短你的寿命。

人有可能完全被追求快乐和逃避痛苦的本能所控制。我认识一位男子，名叫斯图尔特，年轻时喜欢以饮酒为乐。他 14 岁就开始喝酒，到 20 岁时，每天晚上都要喝光一箱啤酒。某天晚上，他在喝酒的时候，突然急性焦虑症发作，把他吓坏了，从此再也不敢喝酒了。啤酒曾经是快乐的源泉，现在一夜之间变得可怕起来，因为他把啤酒跟急性焦虑症联系在了一起。之后斯图尔特再也不敢去做任何有可能触发急性焦虑症的事情，包括他以前除了饮酒以外特别喜欢做的一些事情，像开着卡车绕着镇子兜风，或者去打打篮球等。他的生活一开始被饮酒带来的快乐所占据，后来又被急性焦虑症带来的恐惧所主导；开始他是在追求快乐，最后又在逃避痛苦。显然，斯图尔特被头脑中短暂的状态——快乐和痛苦所挟持，成了它们的人质。他被那辆追逐快乐的脚踏车死死地卡住，失去了自由，根本无法脱身。

为了改变这种状况，一种新的方法是，改变我们与痛苦和快乐之间的关系。我们可以退一步，学会在痛苦的迷雾之中保持镇静；我们可以任由快乐自由来去。这就是安宁。

我们甚至可以学着同时接纳痛苦和快乐，并体会它们之间每一丝微妙的变化，让生命中的每一刻都充实丰满。这就是欢乐。

学会怎样与痛苦相处，对实现快乐至关重要。这听起来可能像是悖论，但是为了获得幸福，我们必须能够接纳不幸。

婚姻幸福的秘密：接纳婚姻中的不幸

在 14 年里，心理学家古德曼和他在华盛顿大学的同事们跟踪了 650 对夫妇，来研究能够使婚姻成功的因素。他宣称自己能够以 91% 的精确率，预测哪对夫妇将会走向离婚。他们是那些互相之间总是充满责备、争吵、轻视以及阻碍的家庭。古德曼还观察到，婚姻中 69% 的纠纷永远不能得到解决，特别是关于核心的个性问题和价值观的分歧。虽然夫妻之间不可能解决他们大部分的个人差异，但成功的夫妇则能够学会以某种方式接受它们。幸福的夫妻“能够深入地了解对方，而且对对方的一切都非常熟悉——喜好、厌恶、个性上的怪癖、希望以及梦想”。

心理学家雅各布发明了一套基于“接受”的夫妻关系疗法：夫妻综合疗法。这种方法利用行为疗法来处理那些可以改变的问题，利用“接受”来解决那些不可改变的问题。其中，“接受”就是为了使夫妻关系更加亲密而接纳彼此存在的问题，并放弃改变对方的打算。他们发现：通过接受彼此的差异，有三分之二的夫妻摆脱了长期的困扰，获得了幸福的婚姻。

伤痛本身并不可怕，可怕的是由伤痛产生的怨恨

有一道简单的公式清晰地描述了我们对于伤痛的本能反应：

伤痛 × 抗拒 = 痛苦

“伤痛”是由生活中那些不可避免的不幸造成的，比如事故、疾病，或者某个我们深爱的人去世。

“抗拒”指的是为了击退伤痛而做出的所有努力，比如让身体绷紧，或者想方设法赶走伤痛。

“痛苦”是指我们在自己的伤痛之上增添的肉体或情感上的压力，一层接着一层。

在这道公式中，我们如何与“伤痛”相处决定了我们将承受

多少“痛苦”。如果我们对于伤痛的抗拒降低到零，我们承受的痛苦也就降到了最低。

伤痛 × 零 = 零

这是不是很难以置信？生活中的伤痛确实在那里，但是我们不需要对它们做多余的事情，我们不需要到哪里都将它们带在身上。

有许多关于痛苦的例子，比如一连几个小时，甚至几天，都在后悔股市崩溃之前没有将股票卖出；或者在重要事情来临之前，总是担心是否会生病。当然，为了早做准备或者避免出现问题，适当的考虑是有必要的，但问题是，我们却常常陷入对过去的悔恨或对未来的担忧之中而不能自拔。

“伤痛”是不可避免的，但“痛苦”却是可以选择的。

我们在情感上对伤痛的反抗越强烈，由烦扰、自责和内疚所带来的痛苦也就越强烈。很多时候，伤痛并不可怕，可怕的是我们对于伤痛的过度反应。

实际上，人们常常遭受到两支箭的攻击：第一支箭是伤痛，第二支箭是对伤痛产生的抗拒。比如，工作失败了，这是伤痛，是第一支箭，这支箭给我们造成的伤害并不大，但是，如果我们对此耿耿于怀，这就是射向我们的第二支箭。又比如，被女朋友甩掉了，这是伤痛，是第一支箭，但因为被甩掉而心生怨恨，甚至怨恨所有女性，认为女人没有一个是好东西，则是射向我们的第二支箭。第一支箭本身并不可怕，可怕的是人们自己射向自己的第二支箭。

没有人能伤害我们，除了我们自己。

我们在生活中感受到的大部分痛苦，都是第二支箭带来的，也就是抗拒“伤痛”的结果。下面让我们先来看一看：

抗拒疼痛如何让我们的腰背疼痛加剧；

抗拒失眠如何让我们彻夜不眠；

抗拒讲话焦虑如何让讲话变成了一件恐怖的事情；

抗拒婚姻冲突如何让婚姻变得无法弥补，最终劳燕分飞。

与此同时，我们也将看到，如果着手“接受”这些伤痛，顺其自然，伤痛就会减轻。

伤痛在接受时变轻，在抗拒中变重

大家知道，慢性腰背痛是最折磨人的疾病之一，它会让人变得十分虚弱。不幸的是，在美国这是一种非常普遍的问题，每年至少有 500 万人受其折磨，有 60%~70% 的美国人会在他们一生中的某个时候患上腰痛。而且令人惊奇的是，那些没有患慢性腰背痛的人中，有三分之二也会跟患病的人一样，有同样的背部问题。那么，那些一直忍受着慢性疼痛的人，身体和心灵上到底发生了些什么？

答案是：抗拒。

让我们来看一下米拉的案例。

米拉是一位 49 岁的瑜伽爱好者，而且经营着很成功的生意。她对自己所做的事情都会付出超乎寻常的热情。她看上去并不是那种会患腰背痛的人，但在一堂强度很大的瑜伽课上，米拉做身体前屈动作时突然感到一阵刺痛，这种刺痛感从坐骨神经一直延伸到小腿肚。除了站直身体和平躺下以外，几乎任何动作都会给她腰背部带来痛感。通过核磁共振成像诊断出，她患有椎间盘突出症，脊柱的骨骼从腰间盘挤出，压迫神经，从而引发了非常剧烈的疼痛。

米拉停止了瑜伽运动，并且去看了一位物理治疗医生，医生教给她一种拿举物体的方法，让她的腰背保持挺直，这样不会引发任何痛感。但是随着时间的流逝，由于不能再充满活力地运动，她变得越来越不开心。她原来一直依靠运动来释放工作中的压力，难以想象自己不能爬山、骑车，也不能做瑜伽的一生该怎样度过。米拉无法接受身体的疼痛，不断地反抗，与自己较劲。她为当初自己不小心引发了椎间盘突出而责备自己；她为将来的生活而担心恐惧。与自己对抗，使她身体的疼痛不断加剧，最后米拉终于决定去做外科手术。

手术之前，米拉做了一些调查，发现椎间盘突出症的腰部手术从长期而言，治愈率并不比不做手术高。她还读了西格尔的书——《背部感觉》，书中解释说对于大部分患者来说，治疗腰间盘突出症最有效的方法是，减少对于疼痛的焦虑，尽可能多地恢复正常活动。这表示，在拿举物体时最好随意地按照以前一贯的方式，这样腰背部的肌肉才不会由于缺少运动而萎缩。米拉发现，大部分慢性腰背痛都是由于持续的肌肉绷紧，而不是组织异常引起的。而且，当肌肉没有被用到或者我们处于焦虑状态时，肌肉绷紧都会加重。除此之外，担忧还会放大疼痛信号，进一步加剧我们疼痛的感觉。

米拉将这些信息记在了心上。她对酸痛的肌肉进行了按摩，每天晚上都用加热垫，并适当地逐步恢复了运动。随着焦虑逐渐减少，她的疼痛衰退了，在不到两周时间内减轻了50%。

通常一次受伤会触发腰背问题，但是受伤并不是腰背痛持续下去的原因。米拉对于疼痛的抗拒，特别是对于自己永远不能继续充满活力的生活方式的恐惧，才是她疼痛不断加剧的真正原因。很多时候，身体的疼痛都会因抗拒而加剧，接受身体的疼痛，并能够带着疼痛坦然工作，疼痛就会减轻。抗拒使人痛苦，接受使人轻松。

与失眠对抗，你就会彻夜难眠

我们大部分人都会在生活中的某些时候受到失眠的困扰。调查显示，每年都会有多达一半的美国成年人有失眠问题。很多原因都可以引起失眠，包括一个打鼾的配偶、睡前摄取了咖啡因、白天不小心睡得太多、运动太少、枕头不合适、服用了一些药物等等。

不过，除了上面所说的这些，我们发现：与失眠对抗也是一个重要的原因。很多时候，我们越是努力尝试入睡，反而会让情况变得越糟糕。

你可以回想一下，自己是否有过这样的夜晚：第二天，你将出席一个重要的会议，你希望自己能够尽快入睡，好好休息，这样明天就能精力充沛地出现在会场，表现出自己最好的一面。由于这个会议对你来说太重要了，所以你必须睡个好觉。但当你躺在床上的时候，总是忍不住在想，如果自己晚睡一分钟，第二天的精力就会减少一分。于是，你努力控制自己，拼命让自己入睡，结果越想入睡，却越不能入睡。随着时间一分一秒过去，你变得越来越恼怒。每一次抬眼看闹钟，你都会从心窝里冒出一股无名火，最后使你在这个夜晚彻底失去了正常入睡的能力，只能睁眼躺在床上，沮丧地等待黎明。

这是为什么呢?

问题的原因在于，当你在跟失眠作斗争时，神经系统进入了“战斗或逃跑”的模式，形成一种恶性循环：努力进入睡眠反而强迫身体变得更清醒。我们需要通过放弃“战斗”来打破循环。

什么是“战斗或逃跑”的模式呢?

大家知道，几千年前，人们为了生存必须面对各种野兽的攻击，在老虎的面前，人们只有两种选择：要么战斗，要么逃跑。战斗可以赶走老虎，使自己存活下来；逃跑也可以虎口逃生。在这两种选择中，不管选择其中的哪一种，都需要我们的神经系统兴奋起来，从而调动全身的力量去应对威胁。因此，人们的意识只要向身体输入对抗的指令，身体就会立刻进入“战斗或逃跑”的模式，让全身的每一根神经都紧张起来。

“战斗或逃跑”模式是人类应对外来威胁最有效的举动，但遗憾的是，它并不适用于对待自己的情感和情绪。如果我们把自己的情感和情绪当作外来威胁，采取“战斗或逃跑”的模式：或与之对抗，或拼命逃避。那么，在神经高度紧张的状态下，我们无疑会越陷越深，甚至疯狂。所以，本书一再强调：对待内心的痛苦、悲伤、恐惧和焦虑，我们不应该把它们视为老虎，与之对抗，而是应该接纳。任何与自己对抗的行为都会让人陷入无边的苦海。

在老虎的威胁下，我们既不战斗，也不逃避，就会命丧黄泉。但是内心的负面情感却不是老虎，你永远无法战胜它，也永远无法逃避它，只能与之和平共处。这就像失眠一样，你越想控制自己，自己就越不受控制。与失眠对抗，你注定会彻夜不眠。

很多人面对失眠常常采取这样一种方式：默数你的呼吸次数!

但是，任何失眠者都会告诉你，这些把戏到时候并不怎么管用。为什么？因为你不能欺骗自己的意识，它知道你做这些事情是为了入睡。例如，在“数你的呼吸次数”和“为了入睡数你的呼吸次数”之间就有很大的区别。在某个很微妙的水平上，当你的计划是要入睡时，一旦你意识到自己还醒着，你会不由自主地变得心烦意乱。流逝的每一分钟都会让你更加绝望和迷茫。为了解决这个问题，你必须转变自己跟失眠之间的“关系”。一旦你开始真正地、诚实地“接受”了失眠，最后你的身体就有机会开始休息。

人类第一怕当众讲话，第二怕死亡

杰瑞·森菲尔德打趣道：“根据大多数研究，人类第一害怕的是当众讲话，第二害怕的才是死亡。死亡只排第二。感觉怎么样？这说明对于正常人来说，如果你去参加葬礼，你最好躺在棺材里，而不是去念悼词。”

对于当众讲话的恐惧确实十分普遍。当我们站在一群听众面前时，至少有三分之一的人会感到非常焦虑，其中十分之一的人发现这种焦虑明显地影响到了自己的工作。而我自己也曾经被当众讲话引起的焦虑困扰过。下面是我所经历的过程。

如果我预定要做一次重要的演讲，每次我想到这件事的时候，都能感觉到自己胸口的紧张程度——心跳加剧、肌肉收紧。这种烦恼每次都会出现，特别是当我打算换一个新的话题，而又没有充分准备的时候。我想象自己不断地清着喉咙，笨嘴拙舌地往外吐着字词，讲着没人会笑的笑话，还能看到观众由于我的表现而感觉到痛苦的表情。其中可能还会有某位观众想要帮我，这种场景确实在我身上发生过。

越想避免这种情况出现，这种情况就越容易出现。

如果大家对我的感受还不清楚，可以去看一看电影《国王的演讲》。英国国王乔治六世演讲时的情形，几乎就是所有害怕演讲之人共同的心理特征：紧张恐惧、口干舌燥，说不出一句完整的话。

所以，越是努力想要抗拒内心的紧张恐惧，内心的紧张恐惧就越强烈。

其实，在我恐惧演讲的背后是渴望受到欢迎：想要表现得更聪明，更有魅力，不让观众感觉厌烦。我曾经错误地以为，如果每一位观众都能认可我，我将会感到特别满足。但是，当众演讲还有另外一个重要的目的：将有价值的信息传达给别人。为了克服当众讲话的焦虑，我曾经使用过的一个策略就是，将自己的注意力转移到我希望传达的现实信息上来。例如，如果演讲的主题是脑科学，在演讲过程中我就会让自己集中精力，传达几个关于脑科学的有用观点。将注意力从自己身上转移开来似乎确实能够起作用。

不过，令人遗憾的是，如果我的意识里还抱有深藏的希望，试图在观众面前表现得不那么紧张，结果，这种技巧就只能部分地解决问题。冥想教练高登斯坦曾说过：“生活产生于动机的最顶端。”当我在说话的时候，如果动机是不紧张，那么，在我的大脑里就会有一个小监控器，一直在问：“你紧张吗？你现在紧张吗？”这个纠缠不休的问题唤起了我一直在努力压制的焦虑感，而且，一旦我开始焦虑，我就会对自己的焦虑感到更加焦虑。

对于当众讲话产生的焦虑，唯一持续有效的解决方法就是：让焦虑随便来吧！我们必须终止屏蔽焦虑的打算，学会并且愿意一边颤抖着一边讲话。如果我这么做，我的焦虑很快就会退去。甚至在演讲开始之前很久，我对焦虑的乐于接受就已经让整个恶性循环停了下来。

如果你不想忘记一件事情，最有效的方法就是努力去忘记

陀思妥耶夫斯基年轻时曾经考验他的弟弟，让他坚持“不去想一只白色的熊”，结果他的弟弟却不断地在想那只白色的熊。对此，他困惑不解。

1987 年，美国教授魏格纳与学生做了同样一项抑制思维的实验：他让一组同学故意去想一只白色的熊，让另一组同学不要去想那只白色的熊。后一组同学被称为抑制组。教授要求这两组学生每次想到“一只白熊”的时候就要按一次铃。结果，抑制组不仅不能抑制住自己的思维不去想白熊，而且想到白熊的次数比不抑制的那组还要多。

这项经典的实验表明：抑制反而能够让思维更加贯注在试图要压制的事物上。其实，某些心理障碍也是由类似的过程引起的，例如创伤后应激障碍、抑郁症以及强迫症等。我们极力想要赶走的想法会重新回来，并在脑海中萦绕不散。

在另一项研究中，研究对象变成了“情感”抑制。佛罗里达州立大学的研究者们要求学生：在看一场充满血腥屠杀的电影时不许畏缩，在看一场喜剧影片时不许发笑。结果表明，越是试图控制对电影的情感反应，这种情感就表现得越强烈。

这两项研究证明：与自己对抗，常常以失败而告终。

有这样一个故事，一天，太阳和风为了证明自己的能力超过对方，争吵了起来，谁也不服谁。这时走来了一位身穿棉袄的农夫。风对太阳说：“你看我的，我能很快吹掉他身上的棉袄。”说完，狂风大作，寒风一个劲儿地向农夫吹去。谁知，风越吹，农夫越冷，把棉衣就裹得越紧。太阳对风说：“还是看我的吧！”于

是，太阳使出了自己的本领，让大地温暖了起来。随着气温的升高，农夫热得出汗了，心甘情愿地脱下了棉袄。

其实，夫妻之间也是这样，我们不可能通过对抗、指责和挑剔来改变对方，只能接纳对方。如果我们用爱和宽容来接纳对方，而不是与之对抗，就能获得感情的共鸣，和睦而甜蜜。相反，越是与对方对抗，我们就越得不到对方的理解和同情。随着两个人的关系逐渐疏远，婚姻便走入了困境。所有的夫妻都会经历痛苦不堪的时期，这种痛苦正是来源于对抗，这时夫妻双方就像寒冷的狂风一样，拼命地吹打着对方，希望对方按照自己的意愿脱掉身上的棉袄。

苏珊和迈克尔就处在这样的“冰冷地狱”之中。“冰冷地狱”这个词指的是一段时期中，夫妻之间互相憎恶，互相怀疑，交流的时候都是用仔细调整过的冷冰冰的词句和语气。有的夫妻甚至会持续这样的状态好几年，一直处在婚姻破裂的边缘。

苏珊和迈克尔经过一段时间的心理咨询，结果毫无起色，苏珊决定是时候申请离婚了。对苏珊来说，一切似乎已经很明显，迈克尔永远都不会改变了——他不会每周工作少于 65 小时，或者关心一下自己。令苏珊更苦恼的是，迈克尔完全没有做任何努力去享受他们婚姻的乐趣；他们很少一起参加什么活动，而且已经有两年半没有出去度假了。苏珊感到很孤独，感觉自己被厌弃了。而迈克尔却对在家庭上面花这么多时间感到不满。

然而，苏珊想要离婚的举动却成了他们的转折点——带给了他们“绝望的礼物”。迈克尔第一次表现出愿意去关心一下他妻子的痛苦。在一次心理咨询中，当问及为什么他会忽略妻子时，迈克尔说：“我很害怕，我总是在害怕如果我停止工作会发生什么。

我害怕我会忽略什么重要的东西，从而让我的整个事业在自己眼前崩碎。”

这些话让苏珊突然间恍然大悟。“这就是你为什么忽视我跟孩子们，甚至忽视你自己身体的原因？”她问道。迈克尔点点头，他现在已经泪流满面了。“我的天哪，”苏珊说，“我一直以为是因为我——因为我不够好，因为我只是在给你增添许多麻烦。我们都太焦虑了——只是在不同的方面。你在担心你的事业，而我在担心我们的婚姻。当你在工作的时候，每一天我都生活在我们的婚姻会崩碎的恐惧之中。”曾经将迈克尔和苏珊隔离开的疏离感，此时像冰块一样开始消融了。

从心理咨询一开始，迈克尔就已经意识到了他对工作的沉迷；而苏珊也意识到了她经常抱怨迈克尔对两个孩子关心不够，其背后有另一种期待——在初为人母的年轻妈妈中很常见的——希望迈克尔能够在下班回家时，先给她一点儿关心，然后再跟孩子们玩会儿。

在夫妻关系中，埋怨和愤怒这样强烈的感情背后，往往隐藏着四个温柔的大字：“我很想你！”但遗憾的是，为了表达这一情感，双方常常选择了对抗，而不是接纳。最后，苏珊和迈克尔彼此敞开了心扉，放弃了对抗，逐渐接纳了对方，从而挽救了婚姻。

在这一小节里，不管是当众讲话还是睡眠，不管是腰背疼痛还是婚姻冲突，这些事情之所以无法得到解决，都是因为我们选择了对抗。与我们感到不舒服的事情展开战斗，只能让事情变糟。我们越能接受焦虑、身体不适、失眠和婚姻中疏离的痛苦——以及随之而来的自我怀疑——我们的状况就会变得越好。

在自己的生活中，你当然也会有同样的感受。如果你对自己的饮食计划过于严苛和自责，你能否获得成功？当你跟自己十几岁的女儿就他的新男友问题吵起来的时候，会发生什么？当你压制你的愤怒时，你的怒火燃向了何处？我的一位同事曾经幽默地说："当你抗拒什么的时候，它会先跑到地下室去锻炼身体！"显然，这些被压抑的情感在等待着一个爆发的时机。

只有将自己放倒在地，你才能发现自己的价值

要完全敞开心灵，彻底接纳自己，并不是一件容易的事情。当我决定允许自己在听众面前颤抖的时候，我必须仔细考虑清楚这实际上意味着什么。并不是简单地考虑一下，而是真实地想象自己颤抖地度过的整个场景：人们在嘲笑我，互相讨论着我拙劣的表演，因为我的窘迫而痛苦地转过头去。这样之后，我才明白，即使我在演讲上是个废物，我的生活依然要继续下去。

我们大部分人会担心，如果我们对感情上的痛苦完全敞开，会有怎样的后果。抑郁症患者害怕他们会被完全淹没，身体不能正常运转。那些焦虑的人会担心自己受挫，给他们的记忆中再添一次充满焦虑的实例。那些经历过精神创伤的人会害怕恐怖的记忆重新冲出来，日夜与他们纠缠。那些在婚姻中遇到困难的人，则会害怕采取行动。

实际上，只有把自己放倒在地，我们才能发现自己的价值。我就是这样，当我完完全全接受了自己对演讲的恐惧，彻底把自己放倒在地之后，我终于发现自己对演讲不再恐惧了。

不过，在放倒自己的过程中，我们可以用缓慢轻柔的动作。你可能会在某一天感觉自己太疲惫了，无法应对面前的挑战。如果真的是这样，也许你可以等待，等待积聚了足够的能量之后再去面对它们。设想你正在一次滑雪度假中。有时候你可能会想要尝试一下双菱花式滑道，而有时候却可能只想留在旅社中喝咖啡。如果你没有做好准备就贸然去尝试一道很陡的坡面，你可能会跌倒。如果你一直留在初级坡道上，又不能享受到滑雪带来的快感。在能够自由选择时，只有当你状态良好并且做了充分准备之后，你才可以去尝试新的挑战。记住，不要轻易言弃。

抗抑郁药物和抗焦虑药物所扮演的角色，就是让放倒的过程变得可以接受。它们并不是某种形式的逃避、拖延，或者掩藏感情上的挑战。有些时候，当我们突然倒下，很可能被摔伤。同样，当我们被恐惧、悲伤，或者混乱的思绪所淹没时，我们的问题就会难以应对。而这些药物能够将感情痛苦降低到一个可控的水平上，然后一点一点慢慢去接受。值得注意的是，如果应用一些自我调整的策略，例如本书中所提到的，有些人就可以逐渐降低药物的用量，彻底接纳自己的痛苦。

人的意识有自己避免苦恼的天然方式，这些是我们的“防卫机制”，比如“拒绝承认”“投射转移”，或者“整体分立”。

“拒绝承认”指的是拒绝接受引起我们焦虑的事物，比如拒绝承认丈夫是一个酒鬼，或者拒绝承认丈夫有了婚外恋。这种拒绝可以暂时麻痹自己。

“投射转移”是指某些时候，我们会将某些自己难以接受的感情和冲动转移到其他人身上，从而使自己感觉稍微好一点儿，比如说“他是个种族主义者”或者“她就是在嫉妒”。

“整体分立”指的是当我们受到某种威胁时，我们的意识倾向于非黑即白地看待事物：“他完全是个好人；她完全是个坏人。”这样想可以让我们感到安心。

防卫机制对于平和的感情生活非常重要，所以我们并不需要毫无缘由地将它扒光。例如，对于配偶的婚外情，保持“拒绝承认”的状态，直到自己准备好能够接受和处理，可能是比较明智的选择。被痛苦完全淹没，而不能进行正常生活，对于结果没有任何帮助。我们不需要突然将自己放倒在地，完全可以让这一过程缓慢进行。

接受伤痛，伤痛就会软化；抗拒伤痛，伤痛就会变得坚硬

接受痛苦的过程分为五个阶段，分别是：

1. 反感——抗拒，逃避，沉思
2. 好奇——带着兴趣正视痛苦
3. 容忍——不受伤害地忍受
4. 放任——任感情自由来去
5. 友好——接纳，看到隐藏的价值

经过这几个阶段的循序渐进，痛苦就会慢慢被软化和接受，不再抗拒。不过，这个过程通常是缓慢而自然的。在你能够轻松坦然地面对当前所处阶段之前，进入下一个阶段是毫无意义的。

我们对于不舒服的感觉，第一反应总是“反感”。例如，我们

看到令人不快的事情时，总会将目光移开。另外，反感也可以以精神纠结或者沉思的形式出现——奋力想要找到摆脱这种感情的方法。经过一段时间，当反感不能起作用的时候，我们就进入了第二个阶段：好奇。

“这种感情到底是什么？”

“它从何而来？”

“它到底意味着什么？”

当我们已经清楚自己需要处理的是什么之后，我们便会进入第三个阶段：容忍。容忍意味着“忍受”感情伤痛，但是我们还在抗拒它，并且希望它尽快离去。当我们的抗拒渐渐被消磨掉，于是我们也就进入了第四个阶段——放任——任凭痛苦的感情自由来去。最后，当我们已经深入并适应了生活，我们会发现自己进入了“友好”的阶段。在这一阶段，我们能够看到痛苦之中隐藏的价值。我的一位朋友——布伦达的故事，将会帮助说明这些阶段是怎样一个过程。

布伦达和她的丈夫道格有两个孩子。比女儿小 3 岁的儿子扎克，出生时就有先天性心脏缺陷。当布伦达一家人去遥远的地方，比如澳洲或者夏威夷旅行时，扎克有时候就会心脏病发作。尽管心脏不好，而且一直在进行药物治疗，但扎克一直开开心心，充满活力。但是，9 岁那年，他还是在睡梦中离开了。

阶段1：反感

失去自己年幼的孩子带来了难以言说的伤痛。尽管布伦达和道格早就知道扎克可能并不能活太久，他们还是无论如何都无法承受。这是一场“情感海啸”。在葬礼后，布伦达绷紧的神经再也承受不住，她终于病倒在床上。她把自己的内心深藏了起来，失去了自己的周边视觉。在偶尔去杂货店的时候，布伦达感觉自己像一个外国人，在用一种很超然的方式观察着人们，看他们找不到自己最喜欢类型的意大利面，然后在排队结账时抱怨争吵着。总之，她这时的状态就是：在失魂落魄的表面现象中，隐藏着对内心痛苦的反感和抗拒。

阶段2：好奇

从某个时候，布伦达开始想："如果我就这样下去，一定会死去。我要么被自己的悲苦压倒，要么做出自己的选择。"有了这样的想法，她开始轻松起来。渐渐地，布伦达从自己的困境中醒来。她发现，"感觉痛苦会很危险"。

阶段3：容忍

两个星期以后，布伦达选择从床上爬起来。"我选择了活下去，为了我的女儿。"在她小时候，布伦达曾经照顾过自己的母亲，所以她不想因为痛苦丧失正常生活的能力，从而给女儿增加负担。"我必须担负起作为母亲的责任。生活对生者才有意义。"布伦达对自己说。她后来向我解释："对于痛苦最好的治疗是帮助他人。"

阶段4：放任

布伦达认为自己是一个"理智的人"，在解决问题之前会先彻底地想清楚——"如果一种方法不可行，那么，就尝试另一种"——但是她对于这种水平的悲伤完全没有准备好。她与道格为了让他们的悲痛保持在安全的水平上，每年只去扎克的墓地两次，而且只能偶尔地将扎克的遗物拿出来端详一下。

两年后，在一次冥想静修中，老师邀请学生们“去接触他们的痛苦”。布伦达听见自己内心有一个声音在说：“我不要这样！”然后老师说道：“如果你不能完全地去体验这些痛苦的时刻，那么你很有可能也无法体验到生命中最好的时刻。”在那一刻，布伦达意识到她一直以来都在抓着痛苦不放：“也许我已经不需要再这样下去了？”

从那以后，她便开始慢慢让更多的伤痛溜了进来。

阶段5：友好

当我在扎克离去 17 年后遇到布伦达时，她说的一句话深深地震撼了我的心灵，她说：“扎克的离去所带来的痛苦，把我跟人类有史以来所有失去孩子的母亲联系在了一起。”

身体因快乐而结合，心灵因痛苦而靠近。

最终，布伦达完全接受了失去儿子的痛苦，并从中学到了许多。布伦达告诉我：“我经过这么长时间才明白，我完全可以不受任何伤害地去爱。”

布伦达的故事告诉我们，人们是怎样慢慢接受痛苦的。实际上，接受痛苦的过程就是一个逐渐消减抗拒的过程。随着我们对痛苦的抗拒一点点减弱，痛苦也就一点点被接受，我们便一步步走出了苦海。值得注意的是，这几个阶段并不一定以线性的顺序逐次发生，有时候我们会倒退回去，有时候又会往前跳跃。悲痛越深，完成接受的各个阶段所需要的时间就越长。但是，试图加快这个过程并不会有什么效果，因为这是一个明确的信号，表明我们在试图赶走伤痛，而不是在培养接受能力。

别人的同情让自己显得弱小，自我同情会让我们变得强大

现在，心理健康领域逐渐发现了接受情感伤痛的重要性。一般而言，当有人去看心理医生说“我被压力压垮了”的时候，医生可能会通过讲解一些放松技巧，试着帮他减轻压力。心理医生们非常热衷于这种方式。有时候，他们也会试着改变那些被扭曲了的想法，这些想法让我们消沉沮丧，比如，“我太笨了”，或者“我最终总是会被遗弃”等。这些方法都属于“告诉我问题，然后我们会修补好”的范畴。本质上，心理医生和病人会在不经意间同心合力，努力把负面感受根除掉。

这些方法获得了一定的成功。但是，最近的研究表明，这些成功背后的康复机制并不是我们之前认为的那样。真正起作用的是，我们与自己的思维和情感建立起了一种全新的关系，而不是直接反抗，清除了那些负面的思维和情感。在这种新的关系中，我们对于自己的负面感受没有逃避，没有纠结，没有对抗，更多的是接受、同情和心灵的觉醒。睁开眼睛，敞开心灵——带着觉醒和同情——深入进我们的问题中，经过这样的过程，我们才能得到感情上的宽慰。

什么是“接受”

正如前面所讨论的，“接受”覆盖了一系列的经历，包括反感、好奇、容忍、放任和友好。“接受”的反面是“抗拒”。抗拒会产生痛苦，而接受会使之舒缓。

接受并不意味着容忍错误的行为，而是让你在感情上对内心此时此刻发生的事情完全敞开。如果你的婚姻正处于艰难时期，接受并不是要你对整个痛苦的婚姻说“好”。恰恰相反，它的意思是要你承认自己正在遭受痛苦。不管是在婚姻中，还是在饮食习惯上，抑或是工作时，我见过许多这样的人，当他们意识到自己眼下的境况有多么糟糕时，便毅然做出了改变。值得注意的是，接受是在自我觉醒的基础上进行的。所谓自我觉醒，就是意识到自己正处于什么样的情绪之中。所以，接受并不是逆来顺受，停

“杰克和我学会了互相接受对方的癖好，比如我对腰果仁薄脆糖的酷爱，而他喜欢每天晚上出去参加各种活动，直到凌晨才回来。”

滞不前；它会让变化自然而然地翩然而至。

但是，我们需要弄明白自己接受的是什么。如果自我没有觉醒，我们会在接受中容纳多余的东西，就像是投票选举一位我们知之甚少的候选人。盲目地接受还可能会滑进情绪化的境地——用糖衣掩饰现实。这些都不是真正的接受，而且最终会带来更多的痛苦。在本书中，我所谓的“接受”指的是，有意识地去体验我们的感觉、情绪和想法，时时刻刻，原原本本。

什么是“自我同情”

接受通常是针对发生在我们身上的事情——接受某种情感或某种思绪，而自我同情指的是去接受发生这一切的“人”。也就是说，当我们处于痛苦之中时，对于自己的接纳。

在我们放弃让自己感觉好一点的挣扎之后，接受和自我同情都会更容易地到来。在戒酒协会中，这被称为“绝望的礼物”。当你尝试的任何方法都失败以后，你很可能会变得更愿意“接受”和“自我同情”。尽管你可能仍然想要感觉好一点儿，但你会怀疑是否还有什么能真正帮助你。你的信念已经几乎消失殆尽，你的思维已经耗尽了所有的可能性。

这正是一个机会，让你从精神上的努力转换到心灵上的同情。对此，自我同情有种完全与智力无关、与努力无关的感觉。如果我们能够在痛苦的迷雾中找到自己，意识到自己的抗争有多深，我们的心灵便会自动开始慢慢软化。我们会停止让自己感觉好一点儿的努力，开始自己去发掘同情。我们开始关心自己，因为我们认识到自己正在痛苦之中。

在“同情”和“治愈”之间存在重要区别。“治愈”是指当我们有办法去解决一个问题时，我们试图去做的事情。而“同情”是指当所有在“治愈”上付出的努力都失败以后，我们仍然可以去做的事情。就像是在照料一位垂死之人，我们放弃了努力，只是温柔地陪他一起度过临死的时光。在感情生活中，我们越早放弃修补问题的努力，结果越好。看似矛盾的是，最终，“同情”会带来“治愈”。

同情（Compassion）由拉丁语中的字根“一起”（com）和“经受痛苦”（pati）组成，连接起来就是“共同经受痛苦”。意思是说，当我们给予一个人真诚的同情时，我们将与他共同承受痛苦。有一颗同情心意味着，当有人处于痛苦之中时，我们会感知到，并且放下对于痛苦的害怕和抗拒，爱和善意的感情自然地流向正在经历痛苦的人。真正的同情需要将抗拒感情不适的倾向彻底地放弃。它是一种毫无保留的接受：对这个人，对所有的伤痛，还有我们自己对于伤痛的回应。

自我同情简单地说就是，将能够施与他人的善意，同样地给予自己。这仅仅需要我们将关注的方向做一个小小的转变，就可以让我们的生活焕然一新，不仅在我们处于沉痛之中的时候，而且在我们度过日常生活的艰辛时也是如此。我们都有自我同情的本能，只是被忘记或者被压抑了，它甚至比抗拒痛苦的本能还要强烈。幸运的是，我们每个人都可以培养出自我同情的能力。培养自我同情需要技巧。我的一位病人在谈到自我同情时曾经说：“它并不会涉及到抗争，所以没有我之前预料的那么困难。”

对于自我觉醒和自我同情而言，其原则的重要性与你将要学到的技巧相比有过之而无不及。技巧背后的基本理论必须很清晰。例如，如果你感觉某种练习不起作用，很可能你在练习的是“自我改进”，而非“自我接受”。你需要知道其中的区别。一旦你对自我觉醒和自我同情的含义彻底明了，你就可以自己调整本书中给出的练习，以适应你所遇到的任何情况。

最后，如果你发现自己正在怀疑能否在自我同情的道路上更加深入，那么，请停下来给自己一点小小的关怀。

试着做：关怀自己5分钟，浑身都会变轻松

我们常常会照顾别人，照顾他们的感受和一言一行，然而，却很少用同样的精力去注意和照料自己。现在就让我们来试一下。本练习只需要花 5 分钟，你决不会把它做错。

找一个安静的地方，舒服地坐下，闭上双眼，去注意在自己身体之中的是怎样的感觉。当身体中的感觉来来往往的时候，去跟随它们，不要只去注意其中特定的一种。如果是让人愉悦的一种，去感觉它，并让它自然离去。如果是让人不快的一种，同样去感觉它，并任其离去。你会不会感觉到手中的热量、座椅传来的压力感，还有前额的一点麻痒？去关注这些知觉，就像母亲凝视着自己新生的宝宝一样，好奇他有怎样的感觉。只需要去关注一波接一波浮现的任何一种感觉。放轻松，慢慢来。

5 分钟以后，轻轻地睁开你的眼睛。

第2章

觉醒的人活在当下，混沌的人不是悔恨过去，就是担心将来

> 伤痛就像一头愤怒的公牛：如果它被限制在一间憋闷的隔栏中，就会变得狂野，并试图逃离。但如果它处于空旷的田野，则会安静下来。自我觉醒能够为伤痛创造情感的空间。
>
> ——克里斯蒂娜·菲尔德曼，冥想教练

为什么那些内心强大的人都能承受别人承受不了的痛苦？

苏格拉底面对死亡是那样的平静，耶稣被钉在十字架上时，其肉体的痛苦无人能够承受。可以说，内心越强大的人，越能承受人生的苦难；而越是能承受苦难的人，内心就会越强大。苦难是一所最好的学校，一个不能承受痛苦的人，注定是一个内心弱小的人。

内心强大的人之所以能承受痛苦，是因为他们拥有了觉醒的自我。伴随着自我的觉醒，他们对待痛苦的态度就会发生变化。具体来说，在这些人的心目中：自我是自我，自我的痛苦是自我的痛苦，这是截然不同的两件事儿，他们甚至还会认为，正是这些痛苦才使他们明白了人生的真谛，变得越来越成熟，越来越智慧。就像纪伯伦说的那样："所谓痛苦，不过是包裹你智慧的那一层壳破碎了。智慧总是被痛苦包裹着，只有当痛苦的壳破碎，我们经历了痛苦之后，智慧的果实才能显露出来。这就是痛苦的原理。当你以这样的视觉去看待痛苦时，就会在接受痛苦的过程中变得智慧，变得强大。然而，在这个世界上，大多数人却不愿意接受痛苦，他们总是抗拒痛苦，结果便使得自己越来越痛苦。对待痛苦，我们不能自作多情，而是应该默默地接受。痛苦就像一剂苦口的良药，哪怕再苦，你也要静静服下去。如此，才能从痛苦中解脱。"

如果抱有这样的态度，那么你在承受痛苦的时候不仅不会深陷其中，反而还会获得一种超越，使自己的内心变得更加强大。如果自我没有觉醒，当我们遭受痛苦的时候，往往会陷入内心的纠结之中。例如，如果我被解雇了，可能会认为自己遭到了不公正的对待，上司对我怀有主观上的偏见。午夜时还会辗转反侧，脑子里满是对自己不能好好供养家庭的绝望，甚至还会想象着报复上司的各种方法。这时候，我们的"自我"在哪里呢？在这些纷杂之中吗？不，它已经偷偷开溜了。"我"溜进自己的意识之中，乘电梯跑到顶层，把所有恐惧和悲伤的情绪都挡在门外，跟世界争辩自己的价值所在，还图谋着新的未来。这是我们遭受痛苦之后通常的情况。在脑海里盘旋纠缠的纷繁思维和情绪之中，我们找不到“自己”了。

“自我觉醒”是一种特殊的意识状态，可以在情况变得艰难时，让“自我”安全地锚泊在身体之中。它可以发展成为一种生活方式，保护我们免遭不必要的痛苦折磨。当我们处于自我觉醒的状态时，不再需要特别避开痛苦的经历，因为在其周围总有那么一小块喘息的空间。本章将会说明抵制住逃离痛苦的冲动怎样让我们身心自由，并阐释清楚自我觉醒的含义及其界限。同时，我将会介绍几种简单的自我觉醒技巧。

不后悔过去，不担忧将来，好好活在现在

只有亲身经历过才能真正地了解“自我觉醒”，只靠语言是无法透彻地表述清楚的。自我觉醒的瞬间是一种超前于语言的知觉，就像我们看到北斗七星之前，它们已经在那里闪耀，或者像门口闪过的一道红色，我们之后才认出那是穿着崭新红裙的好友。这种超前于语言的知觉一直在我们的大脑中存在着，但是我们却往往因为被卷入到日常生活的戏剧之中，无法察觉。

有一首诗歌曾捕捉到自我觉醒的简单体验：

每时每刻
耳闻目睹
有什么在
或多或少

用欢乐
让我倾倒，
使我如同
光线织就的

干草堆中的
一根细针。
我就是为此而生——
去看，去倾听，

去让自己迷失在
这温软的世界中——
不断地，不断地
教导自己

快乐地
并欢呼着。
我并不是在说
那些稀有的，

可敬畏，可惊叹的
极度奢华的
而是那些平凡的，
普通的，朴实的，

日常的恩赐。
哦，聪敏的学生
我这样对自己说
你怎能不

变得智慧?
在如此的教导之下
就像这些——
这宇宙

无须任何修饰的光芒，
海洋上的粼粼波光，
还有那碧草
在风中的祈祷。

玛丽·奥利弗在这首诗中提醒我们，“自我觉醒”是多么简单自然的概念，就像狭长草叶上的露珠，反射出舞动的光芒，让我们心中充满欢愉。

冥想教练伽依·阿姆斯特朗给出的自我觉醒的定义，我觉得对我们特别有帮助：“在你体验到什么的时候，知道你正在体验的是什么。”自我觉醒即时时刻刻存在的知觉。它能带给我们自由的空间，因为它使我们将注意力放在自己“感知”的流动上，而不是它们“表象的具现”，让每一刻都灵动鲜活。当我们处于自我觉醒的状态时，生活便成了感觉的节日。琳达·巴姆博的一首诗中描述了日常生活中这样的时刻：

突然间我所居住的城市
好像生动起来
像是变得沉醉于
人类，以及他们在城市中
生活的方式
甚至像眼前的这个十字路口
人们挖开路面
交通不得不从快要倒塌的白色网栅旁边绕过

这个城市的人们
每个人早上起来，收拾打扮
在人行道上东来西往
就像眼前
一部人们在穿过街道的电影

这些问题
“眼前的景象是否值得我们驻足观看?
例如，从建筑学上，
从城市空间和人类利益的角度思考；以及
这里的事物是否丰富多彩？或者
这些人，从总体来说，
比我年轻还是比我年老？”此时此刻
都已经毫无意义。取而代之的是
愉悦的感受——

这世界上还有无数的城市
也是这幅景象

新雨刚过。我觉得该去看看僧侣们
在广场上用沙子画出曼陀罗的图案；然后
或许该去买一块三明治，谁知道呢。

自我觉醒具有一种“存在于当下”的特性，具有一种自由感、透视感，以及联系感，即不作评判，平滑如水地度过每一天。当我们处于自我觉醒的状态时，很少会希望生活改变原本的面貌，至少在此时此刻是这样的。

有些人好像天生就比其他人更容易进入自我觉醒，但是不管我们的起点在哪儿，我们都可以通过练习，深入到自我觉醒中。而且你并不需要是一位僧侣或者诗人才能从自我觉醒的训练中获益。你甚至并不需要冷静才能进入自我觉醒，你只需要让自己投入到感知的状态。你可以在任何时刻、任何地方察觉你身体内部和周围正在发生的事情，从而在日常生活中觉醒过来。你可以向自己发问：我是否感到困惑、空虚、得意、紧张，或者平静？我能否感觉到胃部在收紧，脸颊在发热？我是否在为将来担忧，我等会儿去见父亲的时候会发生什么事？传到耳边的是不是树叶舞动的哗哗声？对当下任何知觉的自我觉醒，都可以让我们从平常制造压力的心理机制中获得放松。

自我觉醒的反面是“心智混沌”，它会在这些情况下发生，例如：

* 刚刚向你介绍过某人，你就忘记了他的名字；

* 走进厨房，却忘了进来是为了做什么；

* 不饿的时候却在吃东西；

* 困在堵塞的交通中时，为迟到而焦躁；

* 在拜访父母时表现得像个小孩子；

* 在高速公路上开车行驶了一个小时，却几乎不记得任何细节。

这就是我们沉迷的时候，对自己的所做、所思和所想毫无感知，表现得像进入了自动驾驶模式。你也许已经注意到我们生活中绝大部分时候都处于一种多么混沌的状态：一心想左右自己的情感，结果却被自己的情感所左右！

如果我们在自己脑内放映的小电影既甜蜜又欢快，那么自我混沌就没有什么问题。但是，有时候这些电影却非常可怕，我们唯一想做的就是赶紧醒来并离开这剧院。这时，我们的注意力被自己的痛苦绑架了。我的一位病人，乔治，遇到的正是这种情况。

从表面来看，乔治在生活中表现很好。他有一份自己喜欢的工作，最近刚刚买了一栋房子，有一位爱他的妻子，而且他在吉他上的造诣总能让朋友们感到欢愉。但是，乔治发现，他的生活越成功，童年时痛苦的记忆就越来纠缠他。他从小在一个贫困、虐待孩子的家庭中长大，而他深爱的妹妹在 16 岁那年自杀了。每当有快乐的事情发生在乔治身上时，比如在工作中得到提升、买了一辆新车，或者出去度假的时候，他就会忍不住流泪。他总是想起跟妹妹一起度过的悲惨童年，还有妹妹从来都没有机会开心地生活过。他的遗憾让他无法开心起来。有时候当他读到有关殴打虐待孩子的新闻时，以前的记忆总会在脑海中闪现。乔治的妻子开始担心自己跟他越来越疏远，因为随着高兴的事情不断发生在他们身上，乔治变得对自己的过去好像越来越沉迷。

一天，在海边散步时，乔治像往常一样怔怔出神，突然他注意到一块漂亮的卵石。他把它捡起来，拿在手里翻来转去，贴在脸上摩挲着，用脸颊感受着它光滑、冰凉的触感。因为乔治一直喜欢收集东西，于是他恍惚间把这块卵石随手塞进了大衣口袋。回到家后，当他清理衣服口袋时，又发现了这块石头，摸上去还是那么舒服：光滑、冰凉、圆润。乔治注意到用手指抚摸这块石头，会让他感到平静。他将其称为自己的“此时此刻石”，并且一直随身带着。每当乔治发现童年的记忆又开始在脑海中闪现，而自己不想沉陷其中的时候，他就从口袋中拿出这块石头并用手抚摸它。

没有经过任何外来的指导，乔治偶然间发现了自我觉醒的方法——让自己的意识进入到对此时此刻鲜活的感知之中。一开始，乔治利用他的“此时此刻石”，将意识从困扰自己的记忆中转移回现实。到后来，每当他的精神被淹没时，这块石头都会让他觉醒，使他有勇气去正视那些伤痛的记忆。

自我觉醒一方面要我们时时刻刻明了自己的思绪正在何方，另一方面要我们能够有技巧地去引导自己的关注点。为了让自我觉醒达到治疗的效果，毫不隐瞒地坦率态度是必要的。正如母亲会凝视着初生的婴儿，如果是自己心爱的东西，或者当自己注视的时候能够感受到爱和鼓励，我们可以注视某种事物很久。反之，对于嫌弃讨厌的东西，我们不可能关注很久。我们可以体验到一朵玫瑰、一首曲子极致的美丽，只要我们将心灵打开，就能看到

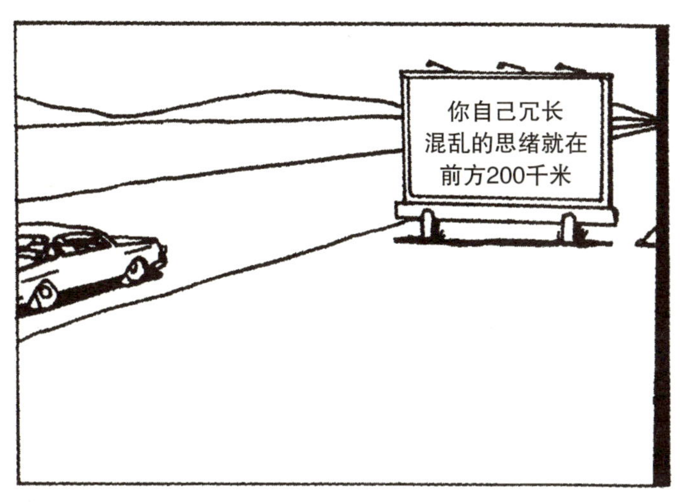

自己的动人之处。这是我们在练习自我觉醒时的基本精神。

当你在痛苦的海洋中漂泊时，需要一只锚让自己停靠下来

如果你已经做过上一章结尾“关心自己 5 分钟”的练习，那么你已经对自我觉醒有了一次粗浅的尝试。你的思维处于一种相对比较易于接纳的状态，能感知到一系列的知觉，而不对它们进行比较、评判、标注或者评价。如果我们只是这样简单地去观察它们的来来去去，那生活就简单多了。问题在于，我们总会不经意地去逃避不适，追逐幸福，或者滑入事情应该如何如何的幻想中。其实我们每个人，无一例外地，都能很快发现，安静地坐几分钟，让我们的思绪自由来去，自我就会开始觉醒，这样的练习是一件极其容易的事情。

试着做：冥想5分钟，敞亮你的心

本练习只需要5分钟。找一个特别安静的地方，保证你不会受到电视、音乐，或者人声的影响。

★ 以一个放松、舒适的姿势坐下，腰背挺直。闭上你的眼睛，全闭或者半闭都可以。

★ 想象你的耳朵像圆盘式卫星天线一样，能够接收环境中的任何声音。就这样坐着并接收周围的声波振动。你不需要标注这些声音，不需要喜欢这些声音，也不需要让你的注意力跟踪任何一束特定的声音——只是去倾听所有那些将自己展示给你的振动。让这些声音自由来去，一轮接一轮。不要试图去搜索你周围的声音，让他们自动进入到你耳中。

★ 如果你注意到自己的思维乘着思绪的火车溜走了，这也是不可避免的，只要重新回到倾听的任务上来就好。

★ 5分钟以后，慢慢睁开眼睛。

你可能已经注意到，简单地去将注意力放在周围的声音上会让你多么放松，甚至比你可能熟悉的其他方法还要让人舒心，比如放松训练或者自我催眠。这是因为你将头脑中所有的东西都放下了，包括“放松”这项任务。如果你执着于这项任务，无疑会事与愿违，让你更加紧张不安。静坐倾听5分钟，你会轻松一整天。当你跟周围各种声音交织而成的交响乐一起“存在”于此时，你内心深处的自我便开始了觉醒。

你可能还会发现，自己在简单的倾听之上加了几项多余的任务。例如，你可能会一一标注这些声音：“汽车”“小孩子在笑”“关门声”。这会花费更多力气。你可能还会希望自己在一个更漂亮的地方，比如声音更加甜美的乡下。这会带来一点压力。而且你的思维很可能在一小会儿后就开始四处游荡，也许你会好奇自己有没有正确地做这项练习，或者你开始想到要买一台安静点儿的空调。所有这些自动的心理功能——标注、评判、游荡的思维——让倾听变得比本身要困难一些。

如果可能的话，重新再试一次上面的练习。你可以在脑海中对“评判”“标注”和“思索”做一下记录，并且记录它们是何时闯进来的。然后再回到倾听的任务中。当注意到自己在标注时，对自己说“标注”；在评判时，对自己说“评判”；沉浸在思绪中时，对自己说“思索”。

在痛苦的海洋中漂泊，我们需要一只能够让自己停下来的锚

当我们的思绪精疲力竭地不断从一个问题跳到另一个问题的时候，或者当我们被不开心的念头和感情占据了心神时，大部分的精神痛苦便会由此产生。既然我们注意到思维是按这种方式运转的，就需要给它一只锚—— 一个中立的、不会动荡的地方。乔治正是这么做的，通过抚摸他的“此时此刻石”；你也是这么做的，在你一次又一次地将注意力拉回到周围环境的声音上时，你也把这些声音当成了一只锚。为什么找到一只锚，我们就能找到解脱之道呢？因为抛锚停泊能够让思维镇静下来。

对于思维，最常用的一只锚就是我们的呼吸。因为它有许多优势：

* 每天 24 小时呼吸都在持续不断。

* 呼吸很容易被注意到，因为它会引起身体轻微的运动。

* 我们对它如此熟悉，所以它可以成为日常生活的暴风骤雨中一个安全的避难所。

* 它自然而然地运转，不需要任何刻意的努力。

* 它是我们最忠诚的朋友，从出生到死亡一直陪伴我们。

对于呼吸的感知是收回你的注意力，将自己带回到现实的一种完美方法。

可能会有人发现很难将注意力集中在呼吸上。曾经经历过身体创伤的人可能不想被提醒注意自己的身体，因为那样会唤起痛苦的记忆。那些担心自己健康的人会发现，将注意力集中在身体的任何一部分都会激起新的担忧。注重细节或者强迫症类型的人可能发现，当自己将注意力集中在呼吸上时，会由于注意力过于紧张而导致呼吸加快。不喜欢自己身体形貌或者感觉的人可能会发现，注意自己的呼吸会让他们过于贴近自己的身体。

如果你有这些体验中的任何一种，给自己选一只不同的锚。唯一的必备条件是，它必须是随手可得的。有些人喜欢用一个词作为自己的锚——可以是有特殊意义的一个词，其他的选择也可以，比如下面这些部位的感觉：放在地板上的脚、交叠在膝盖上的双手，或者身体的某个区域，例如心脏周围或者双眼之间的某点。如果让你的注意力集中到身体内部很困难，那么就选择身体表面或者体外的某个物件。不管你选择了什么作为自己的锚，随着时间流逝，它都会变得像你的朋友一样亲密。

下面的练习展示了怎样用呼吸作为你的锚，但是你也可以随意选择其他的物体作为替代。

试着做：如果你迷失了自我，那就从呼吸中去寻找

本项练习需要 15 分钟。请找一处安静舒适的地方坐下。选择一种姿势，可以让骨骼自然支撑着肌肉，而且整个练习中都不需要费力气去保持这种姿势。可以这样：试着保持自己的背部挺直并轻轻地支撑起来，肩胛放松并稍稍下垂，下颌轻轻向胸部收起。

★ 舒缓、自然地深呼吸三次，让自己放松并且放下身上的所有负担。然后让眼睑轻轻合上，或者半合，选择任何一种让你感觉更舒服的方式。

★ 在脑海中想象自己坐着的影像。像是从外面观察自己一样，注意一下自己在椅子上的姿势。让你的身体和思维都回到本原的状态。

★ 现在将注意力集中到自己的呼吸上。注意对自己的呼吸感觉最强烈的地方。有人感觉在鼻孔处有一股拂过上唇的凉风。也有人会感觉到胸腔的起起伏伏。还有人能够在腹部最清晰地感觉到自己的呼吸，因为随着每次吸气，肚子会扩张，随着每次呼气，肚子又会收缩。慢慢探索你的身体，并且发掘出最容易感觉到自己呼吸的地方。

★ 现在找出对自己呼吸感觉最强烈的时刻——在你

呼气的时候还是在你吸气的时候。如果两者相差不大，选择其一（为了简化说明，在本练习后续部分以及贯穿本书，我会假设你选择的是呼气过程，而且选择的部位是鼻孔）。

⋆ 注意你每一次呼气时的感觉。每次呼气的时候，去感觉气流从你鼻孔中流出。然后在你的身体吸气的时候，让思维稍微放松。让整个过程像是在等待。然后当你身体呼气的时候再次去感觉你的呼吸。

⋆ 让你的身体带着“你”呼吸——反正它也会自然而然地这么做。简单地将注意力集中到每次呼气时对气流的感觉上，一次接一次。

⋆ 你的思绪可能每分钟都会从对呼吸的感觉中溜走好几次。不要去担心你的思维溜走得有多么频繁。每次当你的思维开始游荡时，只要再轻轻回到对鼻孔处呼气的感觉中就好。

⋆ 你可能在用一只手表来注意时间。偶尔瞄一眼你的手表，当你只剩几分钟的时候，放松你对鼻孔的注意，并且让自己去感觉整个上半身随着每次呼吸轻轻运动。但是不要思考太多。只要去感觉你的身体，在随着自己的呼吸充满生机地动着。

⋆ 15 分钟以后，慢慢睁开眼睛，向下看。起来之前品味一下此刻的平静。

你很可能已经注意到思维有多繁忙。在此起彼伏的各种思绪和感觉构成的喧嚣之中，找到自己的呼吸十分困难。我们刚刚将注意力完全集中在一次呼气上，思维又离开了，它乘着某个念头的火车跑远了。也许你正在想：“哦，这是一次不错的呼吸。”但是下一刻当你吸气时，你已经开始考虑身体中的另一种感觉，或者今天接下来要做的事情了。当我们注意的对象开始变得黯淡，而不是新奇又引人入胜时，我们的大脑很快就会跑开去整理别的事务。

感受呼吸可以帮助你找到自我，但是你不要期望自己的注意力会一直毫不动摇地停留在呼吸上。这不是大脑的工作方式。你只需要在思维一次次游荡出去之后，再将注意力重新收回到呼吸上。没有更多要求。就像格言所说：“如果你跌倒了六次，那么就站起来七次。”其实，冥想并不神秘，更不艰难，当一些人说“冥想很难”时，往往针对的是他们应该更加集中精力这一点，殊不知这是一条错误的假设。走神儿也是冥想的一部分。每次注意到走神儿的那一刻实际上应该受到欢迎，而不应该用来作自我批评，因为它标志着你刚刚从一场白日梦中醒来。

有时候，白日梦是一件好事，可能是创造性灵感的来源，就像弗洛伊德将我们晚上的梦描述为“到达潜意识的捷径”时所表达的意思。问题的关键在于，当我们在做白日梦时要能够感知到，并且偶尔从中醒来。不幸的是，大部分时候我们的意识在白日梦中迷失了，我们因为充满压力的沉迷而遭受痛苦——“我看起来胖不胖？”“我好蠢！”然而，当我们回到呼吸上来时，就得到了片刻的休息。如果我们正处于快乐的现实中，当然是没有问题的。如果你正在心烦意乱中，散步时集中注意力只关注脚底对路面的触感，看一看会有怎样的效果。没有过去，没有未来……也就没有了问题。

如果你发现当你在做针对呼吸的自我觉醒时，压力水平反而上升了，请尝试以另外一种方式进行。首先，将把它做对的要求放下（你永远不会把它完全做对——但也永远不会把它完全做错）。学着依照思维原本的方式和谐一致地行动。你的思维总会挖出另外的记忆或者感觉，去扰乱你的注意，所以在这种时候不要感到失望。我们冥想不是为了提高自己，而是为了终止自己总是想把任何事情都做得更好的强迫性努力。一位成熟练习者的标志就是愿意一次次回到自己的呼吸上来，不去评判，数十年如一日。

将你的注意力锚泊在呼吸上要比培养一个集中、冷静的思维要求更高——它让你看到思维是如何运转的。就像是要将一台照相机抓得稳稳当当地来拍一张照片。从本书目前已经给出的三个练习中，你应该已经体会到我们的思维是多么容易去游荡、比较和判断，并且辨析捕获到的任何信息。你在冥想中所用的时间越长，你对自己思维的了解就越多。你还会对自己了解更多：你的情绪、你的记忆，以及你对不同的情况会做出怎样的反应。

明白自己总可以从思维的锚泊中获得庇护，我们就有勇气去探索自己的思维，这就像感到胆怯的孩子会躲到母亲的裙子后面张望一样。如果我们知道可以通过感受呼吸让自己镇静下来，我们就敢于向波涛汹涌的内心世界窥视了。

一些人之所以控制不了自己的情绪，是因为他们的自我还没觉醒

身体是训练自我觉醒的基地。我们在一具身体之中生活，所以，要享受生活的全部就必须体验身体的全部。一个自我没有觉醒的人，根本无法知道自己究竟有多强大。佛陀说，人人都可以成佛，实际上，说的就是自我觉醒之后，人的内心就会强大无比。

我们在练习自我觉醒时，不应该认为身体不如思维重要。任何发生在当下的事情都可以是自我觉醒的目标。由于身体相对而言比较缓慢而稳定，所以，它是一个观察我们思维和情绪的完美场所。在唤醒自我的冥想中试图感知思绪是有一定难度的，因为各种念头产生如此之快，以至于我们很难跟得上它们；我们注意到它们的那一刻，它们已经成为历史了。当观察自己时，也会很快被自己思绪的漫游所吸引。而如果我们将注意力集中在身体上，对此时此刻的感知则会容易得多。

我们已经通过注意自己的呼吸开始了针对身体的自我觉醒练习。现在，让我们进一步深入，由感知呼吸开始感知身体。

试着做：唤醒你的身体，唤醒你的灵魂

本练习大约需要20分钟。开始时，请先找到一处舒适、稳定的位置，闭上眼睛，然后深呼吸三次。

★ 在脑海中描绘自己的影像。像是从外面观察自己一样，注意一下自己在椅子上的姿势。

★ 在身体中找到自己的呼吸，并且用几分钟来练习对呼吸的自我觉醒。在你感觉到每次呼气时，让你的身体带动自己呼吸，一次接一次。

★ 几分钟之后，让你的注意力从呼吸上释放，将意识打开，扩展到全身——皮肤之下的所有空间。你的身体每时每刻都在因体内活动而颤动。任何感觉占据主导时，都提醒一下你自己去注意。简单地去注意一种、两种，或者三种连续的感觉，比如你跳动的心脏，微潮的双脚，绷紧的脖子，温热的双手，凉凉的前额，咬紧的下颌，或者身体在椅子上的触感。

★ 让每种感觉保持原本的样子。如果你感到不舒服，就在你的意识中轻轻地、柔和地向它贴近。

★ 被自然地引导过去，让你的意识跟随身体的感觉，然后再回到呼吸上。你可以在任何需要的时候回到自己的呼吸上，聚集并巩固自己的注意力。

★ 然后重新放开你的意识，去感知身体呼唤出的任何感觉——任何最强烈的感觉。放轻松，慢慢来。这项任务是为了停留在当下发生的感觉上，而不是去辨别尽可能多的感觉。

★ 在剩下的 10 到 15 分钟里，让自己感觉一下呼吸，然后再去感知身体中任何占主导的那些感觉。以一种放松的、从容的方式在呼吸和其他感觉之间不断来来回回。然后在感知身体中其他感觉的同时，注意自己的呼吸。最后将呼吸和感觉两者完全连接起来。

★ 慢慢睁开眼睛。

在你感知身体的其他感觉之后再回到呼吸上时，有没有感觉自己很放松？或许你会有相反的体验——将注意力只集中在呼吸上会感到紧张，而对全身的感知反而很轻松？

一般而言，关于自我觉醒的冥想是一种在单焦点与开放区域性感知之间的舞蹈。如果我们的注意力在呼吸时过于紧张，会引起压力，我们可以通过将感知放开到其他知觉上来获得放松。或者，如果我们的注意力被身体或思维中不断涌现的事件形成的龙卷风一扫而空，我们可以在对呼吸的单焦点感知上找到风暴中的避难所。

学会了冥想：泰山崩于前，你也能保持镇静

关于自我觉醒的冥想分为两种：正式的和非正式的。“正式的”冥想是指我们专门抽出时间——通常是半个小时或者更长——来充分感知我们当前的感觉、情绪以及想法。“非正式的”冥想是指我们在忙碌的生活之中抽出时间，获得自我觉醒的短暂片刻。这两种冥想都可以在坐着、站立、行走或者吃饭的时候来练习——任何时间，任何地点。正式冥想和非正式冥想的区别主要在于时间和目的。

正式冥想的练习强度更高，一般而言会从更深层次上改变你的思维：它可以使我们对思维的天性和自身的个性条件获得更深的洞悉。如果你希望做正式的冥想，它应该是能够让你愉悦的，而且应该符合你的性情和生活方式。大部分人并不想在他们忙碌的日程表中再塞进另外一个活动，也不应该如此。这本书并不是为想要成为

冥想者的人写的，虽然有些读者可能会由此对冥想产生兴趣。我之所以给出主要的正式冥想练习，是为了让你获得对自我觉醒和自我同情的直接体验，同时也可以作为之后非正式练习的范例。

正式冥想本身绝不是目的，而生活本身才是真正的练习。在日常生活中遇到的感知印象和感情反应会汇聚成巨大的洪流，置身其中，我们很难保持清醒和觉知的状态。想象一下在这样一个早晨你思维的状态：你的小女儿病了一整夜，3 小时以后你必须在办公室作一个报告，冰箱门昨晚一直开着，冰激凌滴滴答答淌到地上，而你的保姆却正在度假。许多父母会发现自己想要坐在厨房地板上哭出来。

人需要有一种超凡的能力，才能在危机关头保持镇静，以便有效地处理问题。这种能力会随着冥想练习而逐渐增强。如果你每天都能够拿出充足的时间，在正式冥想中细细探究自己内心的体验，那么即便是在最艰难的时候，你也会拥有自我觉醒和自我同情，这样一来，你的内心就会变得极其强大。正所谓，泰山崩于前，而色不变。

正式的自我觉醒冥想尤其能够帮助我们弄清怎样与不适的情绪相处——选择一种让其居住在我们身体之中的方式，而不是将每天身体和精神上的伤痛转化为更严重的问题。依据自己每时每刻的感觉，你可以集中精神在呼吸上，探索身体的某处疼痛，再返回到呼吸上；然后感知某种情绪，在身体中找到这种感情，再呼吸，稍稍缓和一下身体，呼吸；然后倾听环境中的声音，再返回到呼吸上，如此往复。正如琼·齐恩博士所说，这种练习让我们可以自由地去“回应”，而不是“反应”。我们可以对自己的生活做出明智的选择：“我是否应该吃那份点心？我是否应该跟我的爱人争吵？现在是否是遵从自己性冲动的合适时间？”

一般而言，正式冥想的推荐时间是多少？通常每天的时间应该是 30~45 分钟。这种时间长度已经被证明能够促进身心健康，甚至增强免疫力。比较繁忙者可以冥想 20 分钟，每天一次或两次，这样也很合适。

训练你的大脑

2003 年，琼·齐恩博士发现，每天 1 小时，每周 6 天的自我觉醒冥想训练，持续 8 周之后，会给大脑和免疫系统带来永久性的变化。琼·齐恩博士让 25 名因为压力而精疲力竭的人接受了冥想训练，而让另外 16 名完全没有接受训练的人作为对照。经过冥想训练以后，他要求每个人写下自己生活中一次最正面的体验和一次最负面的体验。在书写前后都对他们的脑部进行了脑电图扫描记录（EEG），同时对他们的血液进行了抽样检测，观察他们对流感疫苗产生抗体的数量。

脑电图记录表明，冥想者左侧脑部额区——与正面情绪相关的区域——活性增强。而且，这种活性即使在冥想者写到生活中的负面体验时，仍然非常明显。这显示出，他们已经学会很好地适应不愉快的思维状况。在流感疫苗接种 4 周和 8 周后，进行两次血液测试，结果冥想者比非冥想者体内产生了更多的抗体，说明前者免疫系统更强健。有趣的是，在冥想者之中，流感抗体的数目与左侧大脑活性相互关联——左侧额区活性越强，抗体越多。

2008 年，大卫·克雷斯威尔教授同样测试了冥想对于免疫功能的影响。结果发现：“人们参加的自我觉醒冥想训练越多，其免疫细胞数目就越多。”

如果我们坚持每天冥想，经过几年的时间，大脑的某些部分甚至会变厚。哈佛大学的莎拉·拉泽尔教授研究了长期的自我觉醒冥想是否能够改变大脑的物理结构。他们发现，长期冥想者的前额皮质和右前脑岛——与注意力、体内知觉和感觉处理有关的区域——比相应的对照组要厚。另外，皮质变厚与长年的冥想经历有关，而且似乎能抵消随着年老自然产生的前额皮质变薄。

长期的自我觉醒冥想是通过怎样的心理学机制来减少痛苦的，这个问题尚在初步研究中。一种假设是，如果我们痛苦的记忆在思维平静的状态下涌现，它们就会失去锋刃——"内感性暴露法"。另一种假设是，我们学会了通过约束自己的注意力，来约束自己的感情。当乔治被创伤的回忆淹没时，通过将注意力集中在他的"此时此刻石"上，于是便让负面的情感就此消失。此外，自我觉醒冥想作用的另一个机制是"元认知"，即能够退开一步，旁观自己的思维和情感过程，而不是被它们所挟持。

为什么自我觉醒能够起作用，最令人信服的解释可能是，随着时间的流逝，我们获得了对生活的洞察力。我们发现了万事万物如何变化，当我们与变化抗争时如何给自己创造了痛苦，以及我们如何无意识地拼凑出"自我"的概念。这种洞悉之所以有益，是因为我们把大部分醒着的时间都花在徒劳地提升自己脆弱的自我上，或者充满担忧地去保护其免受打击上。当这种对于生活的洞悉变得更深入、更持久以后，它会帮助我们坦然接受成功和失败，并且忍耐感情上的伤痛，因为我们知道"这些都会过去"；而且还会让我们有勇气去抓住生活中每一刻珍贵的瞬间。换句话说，由较深入的冥想带来的直觉性洞悉，能够帮助我们与周围的世界建立一种“少一些防范，多一些灵活性”的关系。

什么不是自我觉醒

* 自我觉醒不是努力去放松。当我们对自己生活中发生的事情变得能够觉知之后，并不会感到放松，特别是当我们困在某种艰难的境况之中时。但是，随着我们对自己的认识越来越深，我们对内心出现的感情就不会大惊小怪，而是会更加平静地对待。我们能够更容易地意识到，并且放开内心的情绪风暴。

* 自我觉醒不是宗教。尽管自我觉醒已经被佛教的僧尼们练习了 2500 多年，但它并不是一种宗教。任何有意行为，如果能够增强对即时即地体验的觉知，都是一种自我觉醒练习。我们可以将自我觉醒练习作为宗教的一部分，也可以将其分离出来。现代科学范畴的心理学将自我觉醒视为心理治疗中的一种核心治疗因素。

* 自我觉醒不是从日常生活中超脱。自我觉醒与我们生活中的每时每刻都建立了亲密的联系，不管它们多么琐碎平淡。通过这种类型的觉知，简单的事情也可以变得非常特别——超乎寻常的寻常。例如，细心关注一下口中食物的味道，或者观赏一朵玫瑰的颜色等，都可以让我们的自我觉醒。自我觉醒涉及更深刻地体验自我，不要试图绕开生活中平淡、粗糙的边缘。

* 自我觉醒不是倒空思维中的想法。大脑无时无刻不在产生想法——这是它的本职功能。为了从更深层次上理解思维的工作方式，自我觉醒允许我们与自己的想法和感情建立一种更加和谐的关系。这可能会让我们觉得想法变少了，其实是因为我们不再

像以前那样一直与自己的想法抗争。

* 自我觉醒并不难。当你发现自己的思维会不停地游荡出去，没有必要灰心丧气。这是思维的本性。最终你会变得对自己的游荡有所觉知，这也是思维的本性。具有讽刺意味的是，你对自己不能进入自我觉醒感到失望的那一刻，正是你开始自我觉醒的时刻。把这种练习做到完美是不可能的，但是它也不可能会失败。这就是为什么我们会将其称为“练习”的原因。

* 自我觉醒不是逃避伤痛。这是最难接受的观点，因为我们几乎在进行任何活动的时候，都会带着让自己感觉好一些的愿望。通过自我觉醒和接受，你确实会感觉好一些，但前提却是要学会不去逃避伤痛。正如一位冥想教练所说，伤痛就像一头愤怒的公牛：如果它被限制在一间憋闷的隔栏中，就会变得狂野，并试图逃离；但如果它处于空旷的田野，则会安静下来。自我觉醒能够为伤痛创造情感的空间。

佛是觉醒的人，人是没觉醒的佛

日常生活中的自我觉醒属于“非正式”冥想练习。自我觉醒的片刻可以大大减轻我们一整天积累起来的压力。而且，即使是短短的几秒钟，也会因为感觉到自己的存在而心情舒畅。

非正式练习的意思是说，我们特地选择去注意当下的时刻正在发生的事情。任何即时即地的体验都可以作为自我觉醒的目标。这可以是倾听鸟鸣，品尝食物，在你行走时感知脚下的大地，注意你的双手对于方向盘的掌握，纵览你的身体感知身体上的感觉，或者注意你的呼吸。这种练习可以像动动你的脚趾一样简单。当下的现实将我们从自己的沉迷之中解放出来，从不评判我们，而且带给我们无穷无尽的乐趣。

不要低估简单的自我觉醒的力量。心理学文献中的一篇报告曾经描述了一位27岁的男子，他的名字叫詹姆斯，患有轻度智力迟钝和精神病，曾经几次因为攻击行为住院治疗。在一次住院期间，詹姆斯接受了自我觉醒训练，每天两次，持续了五天，另外安排了一个星期的作业任务。训练是这样进行的：

* 站或坐，脚掌在地板上展平。
* 按正常状态呼吸。
* 想一些会感觉愤怒的事。
* 将注意力转移到脚上，直到自己平静下来。

每当詹姆斯开始生气时，他就练习这种“脚底冥想”。一年以后，他的攻击性行为明显地减少，并且已经可以停止一直进行的所有冥想训练，而他的看护者认为他已经没有心理疾病了。

自我一旦觉醒，人人都可以成佛

在你量身定做自我觉醒练习时，需要牢记在心的最重要的一点是：越能带来快乐越好。在我们给自己带来快乐时，自我觉醒会自然而然地到来。

所有的自我觉醒练习由三个基本的组成部分构成：

* 停下

* 观察
* 返回

停下

首先，我们需要将正在做的事情停下。如果你正在电话中与人争吵，可以沉默片刻。如果你正被困在堵塞的交通中，担心会不会迟到，你可以神志集中地深呼吸一次。或者慢下来，也能便于自我觉醒。如果你吃得慢一点，你会更容易意识到自己在吃的是什么，而且在你已经饱足的时候，甚至还能让你的身体提醒你。如果你降低自己步行的速度，你就能更多地看到周围的环境。

观察

观察并不意味着超脱，或者过于客观。反之，你需要成为一名“参与其中的观察者”，密切地参与到经历中去。生活在你内部鼓起泡泡，而你又在生活中间，但你仍能观察。

如果镇定下来是你自己的意愿，那么它会帮助你获得一个单一的观察点，比如呼吸。如果你希望能够探索并且明了此刻的感觉，你可以审视自己的身体，获知各种感觉，或者可以标注你的感情：“这是愤怒”“这是恐惧”“这是悲伤”。

返回

如果你意识到自己的注意力被卷进了白日梦中，需要慢慢将其返回到你的聚焦物上。如果你正处于大自然中，并且想要对周围的世界获得更多的感知，则可能意味着要一次次返回到森林的涛声中。如果你正在切蔬菜，事关安全，所以，你会试图注意着自己的手指跟刀锋间的距离。我们的手指距离刀锋越近，越容易达到自我觉醒！

如果你感觉到了呼吸，你也就懂得了冥想

当你陷入任何困境，或者任何时候感到迷茫之时，你都可以通过做一次有觉知的呼吸，来让局面变得易于操控：停下手头的事情，然后感知你的呼吸。你可以在任何时候做一次神志集中的呼吸：在你的车中等待红灯时，在商务会议上，或者你的孩子正在闹脾气时。当你感觉已经镇静下来，头脑已经清醒的时候，再给自己机会选择下一步该做什么。神志集中地呼吸是最容易、最常见的自我觉醒技巧；最困难的地方在于，身处忙碌的生活之中时不要将其忘记。

有时候，散步也是一种冥想

散步冥想是一种令人身心舒畅的练习，特别是当你已经坐了一整天，需要一点运动的时候。你可以将散步作为一种正式的冥想来练习，一般用 20~30 分钟，或者在某些偶然的时刻——在你走向公交车站的时候，或者从你的车子走向杂货店的时候。你的双脚与路面撞击的任何时刻，你都可以冥想。当然，在树林中散步冥想是向美丽的大自然敞开怀抱的一种特殊方式。

试着做：慢悠悠地散步，也能够让自我觉醒

做好散步 10 分钟或者更长的打算。在你家中找一处安静的地方，可以让你来来回回地走，每次至少 20~30 步，或者绕圈走。下定决心，将接下来的时间用来培养即时即地的关怀觉知。

* 静立片刻，并且将你的注意力锚泊在身体之中。以站立的姿势感知自己，感觉自己的身体。

* 开始慢慢地不慌不忙地行走。注意整个过程的感觉：抬起一只脚，向前迈出，然后放下，随即另一只脚从地板上抬起。然后同样去注意另一只脚。去感知抬起，迈出，然后放下的这些感觉，不断重复。如果需要用“抬起”“迈出”“放下”这些词去将自己的注意力集中在这项任务上，请随意使用。

* 如果你的思维又开始游荡，慢慢将其纠正到对于步行的身体感觉上。如果你感觉到有什么催促你走得快了，只要注意到并且回到对步行的感觉上就好。

* 带着关怀和感激去做这件事。你小小的脚掌在支撑着整个躯体，你的腰部在支撑着整个上半身。仔细体验行走这项奇迹。

* 缓慢而流畅地在空间中移动，时刻感知着你在行进。有人会发现将注意力保持在膝盖以下是最容易的，或者仅仅在脚底上。

* 当你到达步行空间的边缘时，暂停片刻，神志集中地呼吸一下，保持自己锚泊在身体中，然后再转身。

* 在冥想的最后，试着让自己在一整天都对身体的

感觉保持自我觉醒。在你要进行下面的活动时，注意一下步行的感觉。

首先在家中做这种练习，十分缓慢地行走，然后当你外出到公共场所时，在某个普通的地方行走。感觉坚实的大地在你脚下的触觉，可以让你非常安稳，特别是在你心急火燎或者情绪烦乱的时候。有人可能更喜欢在步行时将注意力仅仅集中在自己的呼吸上，这样也是可以的。就像所有的自我觉醒练习一样，请自由试验，并且去发现哪种方式对你而言效果最好。

下一章中，我们会集中关注“情绪”：它们是什么？它们从何而来？你怎样才能应用自我觉醒应对它们，为什么会有作用？

第3章

你温柔地对待痛苦，痛苦就会温柔地对待你

我们越是抗拒某种情绪，这种情绪就会变得越强烈，直至把我们打倒在地；相反，如果我们对某种情绪温柔，那么，这种情绪就会对我们温柔。

——简・希尔斯菲尔德，诗人

从第二章的练习中，你可能已经发现，当你将注意力锚泊在身体之中时，情感上的宽慰会随之而来。这是你调整情绪的第一步：稳定自己的注意力。而下一步则是正视烦扰的感情。

为什么我们要正视烦扰的感情呢？因为很不幸，烦扰的感情是每个人生活的一部分，谁都无法避免，我们需要用可能做到的最好的方式来处理它们。如果我们在自己的感情面前成了逃兵，就永远不能放松下来。有些烦扰的感情会自己消失，比如对最喜

欢的篮球队的失望，或者由意料之外的汽车故障引起的沮丧。而另外一些感情，比如对父亲或母亲的怨气，或者一次车祸造成的恐惧，可能永远都不会离去。只有当我们用新的眼光审视这些感情，并且改变我们与它们之间的关系之后，才能获得宽慰。

许多感情都是“烦扰的”，比如恐惧、愤怒或者憎恨等，但是没有哪种感情本质上是“破坏性的”。无论如何，烦扰的感情至少能让你认识到自己从内到外都发生了些什么。只有当我们紧紧抓住它们不放，或者想要推开它们时，这些感情才会变得具有破坏性——导致精神或者肉体上更严重的痛苦。例如，紧紧抓住愤怒不放也许能让你感觉安全，而且对自己有信心，但是却会引起与所爱之人的争吵，以及胃部问题等。同样，努力不去生气，但是内心仍然火气难消，也会导致类似的后果。健康的选择是，以一种开放的、感知的、自我同情的独特方式，去“拥抱”你的感情。

当我们向烦扰的情绪敞开时，并不是要努力睁大眼睛瞪视他们。我们不能为了将来某一时的平静安宁，而让现在的生活痛苦不堪。在本章中，你将会学着与情绪建立一种平衡的关系，从此时此刻开始，然后一天一天继续下去。

我们越是抵抗某种情感，越容易被这种情感所俘虏

如果我们明白烦扰的感情是怎样从几乎不可察觉的源头浮现上来时，我们就能占据更有利的位置来应对，将它们扼杀在萌芽状态。下面是关于我自己的婚姻的故事。

妻子刚刚做过髋部手术，我将她从医院接回家来。虽然我的

身体也有些不适，但在这个关键的时候，我希望能让她感受到我的爱意。我知道妻子并不是喜欢依赖别人的那种人。我在心里想：“这是能照顾她的一个特别的机会。”

我的妻子是一只早起鸟，而我不是。但是我决定在她从医院回来的第一个早上，早点儿起床。当我在给妻子穿上她的康复用具——夹子、压力袜套和特制鞋子时，我注意到自己紧绷绷地，心情开始变坏。我正在受上午低血糖症的困扰，而且早上起床忘记了第一件事应该是先喝一点儿果汁。但是我决定继续做下去，因为我想成为一位好丈夫，至少在接下来的一小时内。我将自己的紧张用沉默隐藏起来。妻子注意到了我皱起来的脸，然后我马上就看到她变得不开心起来。“她是怎么察觉到我的心情的？”我想，“是不是我在给她穿上袜子的时候不够轻柔？”

我为自己让妻子失望而感到羞愧，并且开始怀疑自己能否照顾好她。我问自己：“等我们老了，虚弱不堪的时候，又会怎么样呢？”在同一时间，妻子也开始担心自己是不是太让人费心了，虽然她极力想在第一个早晨就学会穿好她的康复用具，这样她就能更独立一些。

我一边批评自己（“我可能不会照顾别人”），一边感觉到一股想要责备妻子的冲动——这么一大早就要别人照顾！“她应该知道我并不是一个习惯早起的人。”我心里想，“但是，还是那句话，我怎么能在她从医院回来的第一天早上就责怪她呢？今天她才是需要帮助的人，而我不是，该死！可能我们再需要几分钟就弄好了。”但是我们并没有。

最后，当我费力地把鞋子穿在她肿胀的脚上时，自我觉醒的感觉突然在我脑海中闪现。“哇，这情况变坏得可真够快呀！”我听见自己心里在说，“肯定不是你之前想象的从医院回来的第一个早晨。我们现在是多么狼狈不堪呀！”

随后，我深呼吸了一下，然后刻意地对自己说了一句充满同情的话：“祝愿她和我都能远离痛苦！”然后，我告诉妻子我需要去喝一杯橙汁。等我再回来时，感觉好了很多，于是重新回到之前的努力之中。

那么，在这段时间里我的内心究竟发生了什么？请大家注意一下，我的负面情绪是如何逐步升级的：（1）简单地感觉到；（2）反感；（3）强烈的情绪；（4）陷入到情绪中不能自拔；（5）几乎要采取令自己后悔的行动。每一步都沿着这条路从下而上与感情抗争，从而让问题变得更严重。

一开始，低血糖让我感觉紧张（感觉）。在这个特殊的早晨，我讨厌这种感觉（反感），所以我试图忽视它，结果反而让这种感觉加重（强烈的情绪）。当妻子发现自己给我带来了麻烦时，便开始感觉悲伤，这反过来又让我感到惭愧（更强烈的感情）。我陷入到惭愧的感情之中（深陷），并且开始责备自己（“我可能不会照顾人”），而且几乎在同一时间，我又开始责备妻子，挑剔妻子的错误。我勉强制止住自己犯错的行为（行动）——说错话。自我觉醒的一瞬——注意到自己感觉多么糟糕——是打破这一失去控制的恶性循环的关键。整个过程都是在几分钟内发生的。

实际上，每次当我们发现自己心烦意乱时，通常都有一个内部的事件序列。我有一位善于思考的病人，曾经说过当他变得抑郁时，他的思维是这样转动的：

* “我‘不喜欢’这种感情。”

* “我‘希望’这种感情消失。”
* “我‘不应该’有这种感情。”
* “我有这种感情是‘错的’。”
* “我‘太糟糕’了！”

我们越是抵抗这些情绪，它们似乎就变得越强烈，往往最终以自我谴责来收场——“我太糟糕了！”

我们越早打破这条负面联想的链条，结果越好。如果我们在“上游”就捕捉到自己的情绪，这时候反感刚刚萌生出来，我们还可以保持镇定。等我们被冲到“下游”之后，强烈的感情的旋涡在周围打转，我们仍然有机会从痛苦中解脱出来，不过并不是那么容易。

情绪常常被困在身体里，放松身体，就能释放情绪

你可以从上面的插曲中看到，情绪一半源自思维，一半源自身体；身体的状况会影响到我们的想法，反之，想法也会影响到身体。情绪总是通过身体展现出来。如果我们能够识别出烦扰的情绪驻扎在身体之中的那一部分——绷紧、颤抖——我们就可以避免陷入到毫无意义的精神剧痛之中（对这个过程的神经学解释可以在下章中看到）。即使是强烈的感情也可以通过身体觉知使其缓和下来。

以悲伤作为例子。当人们处于悲痛之中时，胸腔部位往往会感觉到紧张或者空旷；同时心里会想，如果没有心爱之人的陪伴，他们宁愿结束此生。处理身体层面的悲痛——胸部的肌肉紧张，

要比处理精神层面容易得多。这是因为，当我们去考虑自己的所思所想时，反而会被吸引进去，往往还要再加入一定程度的自我评判。如果我们找到情绪在身体中所在的位置，然后深入进去将其软化，我们就可以将自己从精神上的沉迷中解放出来，这种精神上的沉迷往往就是与悲痛类似的某种强烈的感情。

当我的某位病人被感情所淹没，一般而言，我们会一起探究其感情在身体中凝聚的位置。虽然每个人会有所不同，但是愤怒时一般会感觉到颈部的绷紧，悲伤时会感到胸腔的郁结，而羞愧往往会感觉到上身和头部的空茫感。许多感情，特别是恐惧，会在腹部感觉到，这就是为什么我们会称之为“源自内心深处的感情”。

身体的自我觉醒很容易，因为身体变动缓慢，而且真实可触。情绪的自我觉醒要比身体的自我觉醒困难一些，而思绪的自我觉醒难度就更大了。如果我们找到了情绪在身体中的位置，它们就可以被锚泊下来，不再让我们如此动荡烦扰。下面的练习将会帮助你完成这个任务。它是建立在你之前已经学会的自我觉醒练习之上的。

试着做：找到停泊在你身体中的情绪

本练习需要 10 分钟。当你正在被某种情绪烦扰时，练习效果最好。如果你现在感觉很满足，那么可以选择进入一种会经常困扰你的情绪，比如愤怒、恐惧或者内疚。在第一次做该练习时，请选择一种相对温和的烦扰情绪。开始时，请找一处舒适的位置，闭上眼睛，然后深呼吸三次，让自己放松下来。

★ 好像在从外部观察自己一样，注意一下自己在椅子上的姿势。感知自己的身体被各种感觉填满。进入到你的身体，以及此时此刻存在于身体之中的感觉的世界。

★ 将注意力集中到心脏区域。如果愿意的话，可以将自己的手掌放在心口处。

★ 在心脏区域感知自己的呼吸，并且开始练习针对呼吸的自我觉醒。感知自己的胸腔随着呼吸的律动。如果你的思维又开始漫游，将其重新带回到呼吸的感觉上。

★ 几分钟以后，放开对呼吸的注意，然后让自己重新回想起之前烦扰的情绪。如果愿意的话，可以去回想情绪产生时的情境。

★ 现在，将你的身体作为一个整体，让自己的意识扩展到全身。当你在回想之前的情绪时，纵览自己的身体，找出感觉最强烈的地方。用你思维的眼睛，从头到脚扫视自己的身体，在你能感觉到有一点儿绷紧或者不适的地方停下来。

★ 现在，选择身体中情感表现最强烈的单独一点。在你的思维中，轻轻向这一点靠近。持续自然地呼吸，让感觉停留在那里，保持其原本的样子。如果愿意，在你持续呼吸时，可以将手掌放在心口处。让呼吸舒缓而有韵律地运动，以此来抚慰你的身体。

★ 如果你感觉被某种感情所淹没，请停留在自己的呼吸上，直到感觉好点儿之后再返回到之前的情绪上。

★ 在冥想快要结束时，返回到自己的呼吸上，持续几分钟，然后慢慢睁开你的眼睛。

你有没有注意到，身体中可以感觉到自己情绪的部位比预想的要多？你有没有感觉到身体如何抗拒令人不适的情绪？当你不带任何评判地去感知身体中绷紧的部位时，你的身体有没有逐渐放开？当你处于任何烦扰情绪之中时，都可以进行这项练习。如果你身体中的情绪得到了释放，你的思维也会随之放松。

有时候，标注你身体中感情的色调会对你有所帮助。例如，当你扫视身体中的感觉时，你可以说它们是“讨厌的”“愉悦的”，或者“中性的”。或者在你感觉到某种令人不快的感情时，可以简单地说“疼！”这种标注的方法是为了让你能体会各种感觉，却不会被淹没在其中。

下面这项练习可以作为上面练习的补充。它能够帮助你在烦扰情绪带来的身体不适与自己之间，培养一种更柔和、更友爱的关系。

试着做：软化、放任和关爱

同样，开始练习时，找一个舒适的位置，闭上眼睛，然后深呼吸三次，让自己放松下来。

★ 去感知你的身体，以及此时此刻正存在于其中的各种感觉。然后，在心脏区域感知你的呼吸，并且开始用自我觉醒去跟随每一次呼吸。

★ 几分钟以后，放开对自己呼吸的注意，然后让你的注意力自然地被吸引到身体中对烦扰的情绪感觉最强烈的部位。

★ 深入进去，“软化”你身体中的那个部位。“让”肌肉自然放松软化，而不是“要求”它们软化，就像在给疼痛的肌肉慢慢加热。你可以在心里对自己说：“变软……变软……变软……”，以此来强化这个过程的效果。

★“放任”不适停留在那里。放弃让这些感觉消失的意愿。让不适自由来去，随它们高兴，就像来到你家中的客人。你可以重复默念：“放任……放任……放任……”

★ 现在，给自己一点“关爱”——为自己以这种方式所遭受的痛苦。将手掌放在心口处，然后呼吸。你也可以将爱引导至身体中承受压力的地方。你可以将你的身体想象成自己心爱的孩子的身体，这样可能会有帮助。你可以重复默念：“关爱……关爱……关爱……”

★“软化”“放任”“关爱”像颂词一样使用这三个词语，提醒自己带着关怀去靠近自己的痛苦。

★ 如果某种情绪给你带来太多的不适，就停留在自己的呼吸上，直到感觉好一点儿。

★ 在你完成后，慢慢睁开眼睛。

一种温柔的、宽容的、充满爱的，对待身体的态度，就是一种自我觉醒的态度。这种态度让我们舍弃了一遇到压力身体就会紧绷起来的本能反应，也放弃了拒绝不适的本能倾向。“软化”发生在身体层面，“放任”发生在思维层面，而“爱”发生在情感层面。联合起来，它们让身体将一直紧抓不放的东西释放出去。如果你发现这项练习中的一个或多个部分对你比较容易，可以持续做这一部分。例如，仅仅做“软化”“放任”，也是非常有意义的。

“放任”也包括让“思绪”自由来去。到目前为止，我一直没有强调过思绪，因为时时刻刻地去跟随它们是十分困难的。但是，我们的想法对我们的感觉具有极大的影响。如果你一直在狠狠敲打自己，心里不断重复着“我就是个白痴”，你的感觉又能好到哪里去？如果你在自己的思维中感知到了这些自我破坏性的录音，请放任它们浮现出来，然后使其消失在充满同情的自我觉醒之中。

请注意，不要在冥想上用力过度，或者过于追求技巧。你进行这项练习的方式所体现的信息，应该与你传达给自己身体的相同。如果你想要放松软化自己的肌肉，那么就柔和地做这项练习。如果你想让各种各样的思绪在自己的思维中流进流出，那么就坐在靠背椅上，看河水流动。放轻松，慢慢来。除了成为自己忠实的同伴这个愿望以外，不要催促或者庇护其他任何期望。关怀的愿望本身就具有治疗的作用，即使你正处于烦扰的情绪之中。

了解自己情绪的人不会发火，不了解自己情绪的人常常会发无名火

到现在你很可能已经了解到，通过标注各种感情，可以让你一直停靠在自己的身体之中，不会陷入反复纠结的思维里。现在，我们将要再向前一步，学习标注具体的情绪。这项练习能够帮助你将情绪仅仅看作是情绪，而不会被困在其中。

在前面进行“冥想5分钟，敞亮你的心”的练习时，我曾经建议你放弃标注的意图，看上去好像跟本章所强调的截然相反。两者的区别在于，如果觉知的目标是中性的，比如大多数的声音，标注行为可能让我们脱离单纯对声音的体验。但是，当有什么东西正在困扰我们的时候，标注这种行为可以帮助我们退后一步，刚好能够与自己的感觉保持相互联系，却又不会沉溺其中。确认情绪的名称——“孤独”“悲伤”“恐惧”和“迷茫”——可以让我们在与烦扰的情绪相处时变得容易一些。

注 释

“注释”是指用自我觉醒直接面对某种内在体验时，可以作为保护伞的词句。我们可以无须语言就注意到某种持续一两秒钟的感觉、想法，或者情绪（“啊哈”“嗯，对”），或者用三言两语“标注”它。

我们还可以直接忽略或者“扭头不看”那些烦扰的内在体验，返回到我们选定的锚上，比如自己的呼吸。有时候，这是一种很正确的选择。仅仅将注意力集中在一个目标上，排除掉其他，可以带来思维的宁静，至少在此时此刻能够如此。但是，既然我们最终还是必须要处理烦扰的情绪，比如恐惧，所以学会“注释”还是很有必要的。注释能够帮助我们安全地去面对：“这是恐惧！是的，但也仅仅是恐惧而已。”我的一位病人曾经说过：“锚泊就像‘本垒’，而注释则像‘上垒’。”

在实际的练习中，注释与锚泊交替进行，每隔几秒进行前后转换。不要从你的身体中（你的呼吸或者其他的锚）游离出去太久。我们让自己的注意力脱离自己的锚，凝聚在某种情绪上越久，我们就对它了解得越多，但是我们也会承担更多的风险，思维可能因此失去宁静和稳定。当你在探究自己烦扰的情绪时，注释加上锚泊，能够帮助你维持平和、安宁的注意力。

“标注”要求比“注释”更多地投入到负面情绪之中。它表示，对你正在经历的某种体验赋予一个具体的称呼。它既可以将我们更深入地拉进这种体验之中，但又能拉开距离，提供新的视角。当某种强烈的情绪涌上来，需要对其“标注”时，你可以大声地说出来，或者只动嘴唇不出声：“愤怒，愤怒，愤怒”。如果情绪比较温和，你可以在头脑中默默地说出它的名字，也可以达到同样的效果。

有许多种方法可以标注我们的体验。如果你并没有太多的情绪冲突，一种最常用的形式是，当你被各种思绪所纠缠时，简单地说“思索”，然后返回到你的锚上。同样地，你也可以这样使用“感觉”“情绪”。你可以使用“讨厌的”“愉悦的”或者“中性的”这些标签来描述自己的感情，来缓和它们带来的吸引力或者嫌恶感。当你感受到模糊的、来源不明的不适时，你也可以说：“这个好疼”“哎哟”或者“好烦”。我们并不是要试图让痛苦停止，而是要在痛苦时让自己察觉到，这样可以稍稍缓和一点。“标注”能够呼喊出情绪的名字，提醒我们的注意。

有一个例子可以说明任何内在体验都可以被标注。我曾经有一位受注意力缺乏症困扰的病人路易斯，他说他的主要问题是“打击自己”。小时候由于完不成家庭作业，或者总是闹个不停，他经常遭到批评，这些批评已经被他内化为自己的一部分。于是他决定每次开始自我责备时，都标注一下，不管是在正式还是非正式的冥想中。我问他：“在打击自己的时候，你是怎么感知到的？”路易斯回答说：“我可以感觉到腹部的紧张，胸腔内的焦虑，或者我会发现自己对孩子们很粗暴。然后我就猜想我正在这么做，所以我会对自己说‘在打击自己’。”这种简单的标注练习让路易斯从自我批评的思绪中获得一定缓解。

如何来标注也是很重要的。我们可以使用“担忧警示”或者“镇静警示”。担忧警示会让我们因为害怕而退缩，而镇静警示能够给我们一小块空间观察一下周围的情况。就像一个在黑暗中被吓坏的小孩子，对自己说“这里好黑，看不见东西”，就是用镇静警示来辨析；它可以使你不会在自己的精神解读中夸大面临的危险，或者责备自己像“一个大婴儿”，从而避免你在极度的恐惧面前屈服。担忧警示可以像这样：“啊，不要，我看不见东西了！谁知道那边有什么？”然后打开一道瀑布，让那些把局促不安放大为惊惧的念头倾泻而出。

试着在你标注时，采用一种温和的、让人易于接受的语调。如果你发现自己在对着某种情绪大吼，很可能在内心还有一种深藏的意图，想要赶走这种情绪，跟我们正在做的一切背道而驰。轻柔而温和的标注能够帮助你的思维不再有这种倾向——试图赶走不愉快的体验。另外，不要在标注上过度用力，否则你的注意力很有可能将某种令人不适的情绪缠绕起来，抓住不放，而不是将其解除。请舒缓而放松地进行。

标注情绪可以让大脑镇静

自我觉醒冥想实际上是如何帮助我们平衡情绪的。有没有一种神经学的机制？加州大学的大卫·克雷斯威尔教授用核磁共振成像（FMRI）研究了标注情绪的活动是如何让大脑镇静下来的。

他们将一些心烦意乱的人的照片展示给参与者，然后要求参与者标注这些情绪（例如，“愤怒”或者“恐惧”）。在对照组中，要求参与者观察一些人脸，然后在下面给出的人名中选择一个相对应的，比如哈利或萨莉。研究者发现，给心烦意乱的人脸贴上情绪标签，与贴上人名标签相比，扁桃核（遇到危险时，大脑中会发出警示信号的部分）活性相对较低。另外，当扁桃核活性下降时，前额皮质的一部分，特别是中间线（中央的部分，当我们在监测自己的情绪起始信号时活性会上升），会变得更加活跃，这表明前额皮质能够抑制扁桃核的活性。

参与者还被要求完成一定量的自我觉醒练习。对于那些高度自我觉醒的参与者，前额皮质活性和扁桃核的负相关性要比自我觉醒较弱的参与者更加明显。克雷斯威尔的研究提出了一种神经学的“活性机制”，来解释当我们在将自己的情绪告诉朋友、写进日记，或者用其他方式表达出来时，为什么会感觉好一点。

关于感情的词汇

标注情绪是管理情绪的一种有效方法。它能够帮助我们保持冷静，从而做出理性的决定。当孩子们心情低落时，父母会告诉他们：“说出来。”心理健康诊所会为那些不能表达自己情绪的成年人讲课。例如，一个人不能说出“我感到很羞愧”，就会很容易生气并且做出不理智的行为。如果你稍微思考一下，就会发现，为情绪找出准确标签的能力构成了整个“谈心疗法”的基础。脑部研究已经表明，为感情搜寻词汇的过程，能够抑制大脑中产生压力反应的区域的活性。

最适合描述情绪的词句往往是一些古怪而简短的表述，可能会带有个性化色彩。例如，我感觉焦躁不安时，可能会用“松鼠一般的焦躁”来辨识，这种小啮齿动物在收集储藏坚果时，东奔西跑，总是忽动忽停。或者用“变成核武器”来表达要命的狂怒状态。你练习的时间越长，就会发现自己的情绪用语越来越精细，甚至更具诗意。

在过去的100年中，心理学家们一直想要尝试着从所有的情绪中选择出一套基本情绪（例如，恐惧、爱、愤怒、高兴、悲伤，或者爱、愉快、惊讶、生气、悲伤、恐惧），但最后都失败了。因为真正重要的是这些词语的功能——它在控制某种感情，并且在其周围开拓出一小块空间。

虽然本书关注的焦点只是如何处理负面情绪，但是也会帮助我们确认所有情绪的名称，包括正面的。因为我们的正面情绪总是变动不居，而且当它们变化时，往往会直接转化为负面情绪。例如，新婚的狂热迷恋逐渐消退时，我们就会感觉到失望。如果我们可以标注正面情绪，就会更从容地去把握它，正如标注负面情绪一样。当我们的情绪再发生变化时，就能保护我们免于失望。

牢记这一点很重要——情绪本身是无所谓正面或负面的。相反地，我们越是费力想要赶走它们，它们就变得越负面，甚至最终变得有破坏性。在第一章中给出的关于痛苦的公式（伤痛 × 抗拒 = 痛苦）可以换一种方式来表述：

烦扰的情绪 × 抗拒 = 破坏性的情绪

你将会发现，那些所谓的负面情绪——愤怒、恐惧、憎恨——如果我们用自我觉醒和同情来迎接它们（以及自己），其影响就会减弱。

关于情绪的冥想

有些更加强烈的负面情绪，如羞愧、暴怒、绝望、麻木、惊恐、排斥感和遗弃感等，可能很难去确认，因为我们很容易被吞没。当我们感觉"羞愧"时（"我太糟糕了"），心里在观察情绪的那个小人好像被蒸发掉了，没有人留下来完成标注的任务。但随着时间推移，我们可以通过辨识出羞愧在身体中的感觉，确认它的名字，来着手处理它。当我们在嘴里将这个词念几次以后——"羞愧""羞愧""羞愧"——它就会变得越来越容易标注，并且变得容易处理。

这些方法对其他强有力的感情，比如"憎恨"，也同样适用。来看一下下面的例子：

卡洛琳有两个女儿，一个 4 岁，一个 5 岁。在卡洛琳小的时候，她的母亲一直非常有耐心，从来都没有对她发过火。而卡洛琳不一样，她的脾气急躁：她是一位很有抱负的历史学教授，而且特别擅长体育运动。她只有在动来动去不停歇的时候，才会感觉舒服。如果事情没有按照计划进行，她就会心急上火。

卡洛琳对她的大女儿艾玛越来越焦躁，于是她丈夫建议她进行几次心理治疗。卡洛琳在治疗中向我吐露，她实在不能忍受听见艾玛再一次说"妈妈，我讨厌你"，特别是当艾玛在应该吃饭和洗澡的时间跟她不合作的时候。但她丈夫却跟艾玛很合得来。卡洛琳发现自己心里开始对艾玛有些怨恨，不愿意理睬她，而且更喜欢她的妹妹。

卡洛琳在做母亲上能够效仿的榜样是她自己的母亲，而她的母亲好像从来没有体验过卡洛琳现在的感觉。卡洛琳一边抽泣着，一边说出了她心里最阴暗的秘密：“有时候我就是讨厌艾玛，甚至希望她消失！”这对卡洛琳来说已经非常严重了——她不能忍受自己的无助感，以及对自己想要去爱的人反而心怀恨意，她想知道什么样的人会产生她这样的感觉。

我对卡洛琳说，著名的精神病学专家温尼科特在1951年写了一篇题为《反移情中的厌恶》的文章。温尼科特写道：照顾者——包括母亲和心理医生等——为了照料别人将自己的需求放在一边不管不顾；被照顾者往往因为需要帮助而有很强的自我意识。这样在他们之间就会很自然地产生出一些怨愤，甚至憎恨。当憎恨被认为不可接受，甚至令人羞愧时，就在帮助者和她想要帮助的人之间敲进了一根楔子。

卡洛琳将这些话记在了心里，然后回到家中，准备好当自己又对艾玛产生恨意时，允许自己更开放地去接受自己的恨意。结果让她惊奇的是，卡洛琳在接受自己恨意的同时，开始越来越喜欢艾玛，而艾玛也开始表现得越来越乖。当我再一次见到卡洛琳时，她告诉我，她的恨意现在在两个孩子之间跳来跳去，就看哪个孩子让她感到难受；但是她不再因为这而心绪不宁，而是跟艾玛重新高高兴兴地相处了。

卡洛琳的改变仅仅是用了一种接受性的态度来辨识自己的情绪。卡洛琳发现自己竟然讨厌自己的孩子，这给她的自尊带来了很大的冲击，但是当她意识到所有的母亲都会时不时地有这种感受之后，开始放松下来，并且重新喜欢自己的孩子了。首先她需要为自己的感觉找到合适的词汇，然后再去接纳它。

下面的自我觉醒练习是一种训练自己辨认并且标注情绪的方法。

试着做：标注情绪

本次冥想需要 20 分钟。找一处舒适、安静的地方，以一种端正的姿势坐下，放松但是挺直。闭上眼睛，或者半睁半闭。深呼吸几次，让身体放松。

★ 从注意自己的姿势，以及此时此刻身体中的感觉世界开始，将注意力引向自己的身体。

★ 将手掌放在胸部，并且开始对呼吸的自我觉醒。通过胸腔感知自己的呼吸，持续 5 分钟。可以在你愿意的任何时候，让手慢慢滑落到腿上。

★ 现在，将自己的注意力从呼吸上移开，保持在胸腔区域，然后问自己："我现在有怎样的情绪？"让你的注意力被吸引到身体中最强烈的情绪上，即使那只是某种感情的细微表露。让你的身体像一根天线一样。

★ 给你最强烈的感情定一个名称。如果你坐下进行这项练习时，没有任何强烈的感情在身体中弥漫，你可能感觉到的即是"满足"。或许你只是"好奇"。到最后，你很可能会找到另外的情绪，比如"渴望""悲伤""担忧""着急""孤独""骄傲""喜悦""欲求"或者"嫉妒"等。

★ 以一种友好的、温和的口吻，重复这个标签两到三次。然后返回到自己的呼吸上。

★ 以一种轻松的方式，在你的呼吸和情绪之间不断往返。让你的注意力从自己的呼吸上被某种情绪吸引过去，标注它，然后再回到呼吸上。如果感觉不到任何情绪，没有必要一定要找出一种来。只要你在呼吸时对各种情绪的出现保持开放。如果感觉到被某种情绪所淹没，那么就停留在自己的呼吸上，直到感觉好一点儿。

* 大约 20 分钟过去以后，慢慢睁开眼睛。

如果我们像这样来进行自我觉醒冥想练习，我们的精神生活就可以变得特别有趣。如果你在进行这项练习时感到无聊，那就用“无聊”来标注一下。只要我们毫无偏见地在无聊上停留足够长的时间，它总能变成其他的什么。在无聊背后的阴影里，往往有某种令人不快的或者不熟悉的感情潜藏在那里。标注情绪的练习会让我们转身成为诗人，去寻找情感体验里的纤毫之差，这样一来，我们在面对不适的感情时就会无所畏惧。

我们越精确地去标注某种感情，就越不会被困在其中。但是请不要沉迷于寻找完美的标注，不要对它思考太多。只需要选择一个“足够好”的标注，然后返回到呼吸上。任何标注都足够让你的注意力停留在当下的现实中。也许之后你就会想起一种更准确的标注。如果没有，也无须担心。让这项练习轻松自如地进行下去，不要着急。

另外，没有必要去将每一种发生在你身上的感情都记录收编，就像一位在异国的自然公园中度过一日游的植物学家。在 20 分钟的冥想中，你可能只会经历三到四种感情，这些就足够了，你只需要在这几种特定的情绪出现时，标注它们就好。比如说，我在冥想时可能会不耐烦，宁愿去做其他事情，每当这样的情绪出现——

捕捉到这种情绪的任何点滴感觉时，我可以说“不耐烦”或者“着急”，然后返回到我的呼吸上。如果我怀疑自己有没有正确地进行这项练习，每当这种猜疑出现时，我可以说“怀疑……怀疑……怀疑”。另外，搜寻词汇来形容你跟冥想过程本身相处得如何，也可能别有趣味，这很可能是你当时感觉最强烈的情绪。练习的目标只是你能简单地去识别出自己在此时此刻最强烈的情感。

在日常生活中去标注

在正式冥想中的标注练习，只是在日常生活中标注的序曲。例如，我的一位人类学家朋友正在用 PPT 做一场演讲，听众是一大批学者。突然，一张幻灯片变成了空白，这无疑是每个演讲者的噩梦，对此他非常惊恐。就在这时，他发现自己大声地脱口而出“害怕……害怕……害怕”，没想到，他对自己情感的标注，却赢来了所有人善意的笑声，扭转了一场可能的灾难。

我们应该怎样在日常生活中练习标注？只需要遵循你之前一直在做的自我觉醒练习的基本过程：停下，观察，返回。每当你被某种强烈的感情攫住时，停下手头的事情，深呼吸一下，将注意力集中在胸腔部分，观察你正在体验的是何种感情，然后用一种温和的、关爱的方式呼唤一下它的名字。将注意力在你的锚和这个标签之间来回转换，直到这种情绪慢慢放开对你的掌控。

你能把内心的伤痛说出来，伤痛就会降到最低

对于曾经经受过创伤，比如悲惨事故或者暴力犯罪的人来说，

将自己内心的情绪敞开是一件特别需要细心和技巧的事情。在美国，有超过50%的人曾经经历过某种创伤。20%~25%的女性和5%~10%的男性在小时候曾经遭受过性侵犯。因为创伤涉及个人的主观层面，所以某个亲人的离去、一场车祸、一次外科手术，或者一次离婚都有可能留下精神上的疤痕。许多人被牵涉其中。

当我们安静地坐着，让自己去接受任何可能出现的感情，很可能就会想起过去受到创伤的事故。这时候，如果我们能够维持一种冷静、平衡的思维，将会对心理的治愈很有帮助；但是，如果我们被淹没在其中，就好像重新发生一样再次经历那次创伤，则会对自己造成严重的伤害。自我觉醒能够让我们在面对创伤的记忆时，不会被吞没其中。但是，自我觉醒并不是一种被动的行为，我们仍然需要聪明地去决定如何安置我们的知觉和注意力。

注意力既可以从内部引导，也可以从外部引导；既可以集中在单一目标上，也可以集中在某一开放的范围内。当我们一次次地将注意力聚焦在某个单一的目标，比如我们的呼吸，我们可以变得越来越镇静。这是因为，我们摒弃了纷纷扰扰的念头，并且制止了思维像猴子一样跳来跳去。当我们将自己觉知的范围扩展到其他的想法和感情上，我们将不可避免地发现那些会搅动我们心弦的感情和记忆。了解内心的形貌，对同我们日常生活中产生的各式各样的感情建立一种全新的关系很有帮助。但是，如果我们不能在开放性的觉知和单焦点的觉知（就是说，返回到你的呼吸或者其他形式的锚上）之间建立一种平衡，我们就很可能被它们所淹没。

对于有过伤痛的人而言，聚焦在外物上一般比聚焦在内部要容易一些。因为当我们的注意力被拉进身体中时，由于伤痛深藏其中，痛苦的记忆更有可能浮出水面。而如果我们将注意的焦点从身体中转移出去，比如关注鸟儿鸣唱的声音，我们就会平静很多。身体的表面，比如触摸的感觉，与内部的觉知相比，也更能让人平静。

我的一位病人在手腕上带了一个橡皮圈，每当他要被创伤的记忆吞噬时就啪啪地拉响它。他说："我想要在过去和现在之间的沙滩上画下一条界线，而拉响橡皮圈能够把我带回到现在。"他还发现，标注他最强烈的情感——"恐惧……恐惧……恐惧"——能够防止自己陷进引起恐惧的情节之中。

如果真的被淹没了，稳固注意力的最好方式是聚焦在某个单一的外部目标上，比如一团烛火或者一曲音乐。如果你在向自己的身体靠近时感觉不舒服，这时可以依靠触觉、拉响橡皮圈或者抚摸"此时此刻石"，就可以让你的知觉安全地停靠在眼前的现实上。然后，你可以试着将自己的呼吸作为单一焦点。一旦你了解了该如何利用聚焦的注意力调节自己的感情，你就可以逐渐将自己感知的区域扩展到身体的感觉上，或者去标注自己的情绪。但是，即使你已经准备好了去探究自己的情绪，也要在探索几秒钟之后，就回到你的锚（呼吸、声音、触觉等）上躲避一下。因为我们需要同时培养精神稳固和情感觉知的能力。

如果在进行冥想练习时，创伤的记忆涌了上来，没有必要去完全体验它。掌握时机和安全稳固最重要。许多经历过童年创伤的人，习惯咬紧牙关去做那些他们认为自己"应该"做的事情，即使会让他们感觉不舒服。在练习自我觉醒时，请一直保持一种自我关怀的态度。关怀是舒缓而有耐心的。如果感觉自己被情绪所淹没，请暂时停止练习——这也是一种形式的自我关怀。下一章中将会更详尽地解释，如何在你最需要的时候，对自己施以关怀。但是，一定要牢记，如果你对练习持有怀疑或者忧虑，最好去请教一位优秀的自我觉醒冥想教练或者心理医师。

在本章和上章中，你学到了对于身体和情绪的自我觉醒。自我觉醒之后，我们就能熟练地去掌控自己的注意力和知觉。而调节注意力可以影响情绪。在下章中，我们将要开始对自我同情进行深入探究。了解自我觉醒的背景知识将会非常有帮助。自我同情包含自我觉醒练习中所有治愈性的特点——用接受的心态去感知自己此时此刻的体验。但是，在处理强烈的烦扰情绪时，它十分独特的性质就会体现出来。

第4章

你对人类所能做的最大的贡献，就是让自己幸福起来

除了你自己，没有人能够给予你真正的快乐和幸福。

——内奥米·希哈布·奈，诗人

如果你已经进行了几个星期的自我觉醒练习，不管是正式的还是非正式的，你很可能已经察觉到自己生活中多了几分平静和满足。但是，由于你没有足够的时间和训练来让效果更好，你可能又有一点灰心丧气。特别是如果你的生活境况很艰难，你可能会怀疑这种方法是否能帮上忙。如果真是这样，请不要就此放弃。因为当前景一片黯淡，只能听见希望模模糊糊地低语时，正是需要将自我同情加进这一片混乱之中。还有的时候，如果你已经完全放弃了希望，只是保持好奇心想知道接下来还能发生什么，反而可能会好一点儿。如果你正处于这种状态，请轻轻地前进到接

下来的这一章。

有三种让自我觉醒的技巧，我们可以用来应对烦扰的情绪：（1）单焦点觉知；（2）开放性范围的觉知；以及（3）慈爱。到目前为止，你已经学习了前两者。将注意力集中在单一目标上能够镇静和稳固我们的思维，而开放性范围的觉知能够帮助我们以一种平稳、镇定的方式应对日常生活的挑战。这两种技巧可以帮助我们看清生活中正在发生的一切；然后，通过应用“慈爱”的技巧，我们就能够以一种亲切的、让人舒服的方式“拥抱”自己的各种体验。

慈爱是指希望另一个人能够幸福快乐；

同情是指希望另一个人能够远离痛苦。

我们可以在任何时间、任何地点体验慈爱，而同情的前提条件必须是痛苦。因此，同情包含于慈爱之中。

当“心房因为别人的痛苦而颤动”时，同情由此产生，并生出意愿，想要舒缓那个人的痛苦。当我们正处于痛苦之中，并且衍生出想要帮助自己的意愿，这时候我们经历的即是自我同情。

同情自己，其实是在接纳自己；
责备自己，其实是在疏远自己

在心理学研究中，自我觉醒正在迅速获得越来越多人的兴趣，而对自我同情的研究也紧随其后。在对自我同情的研究中，目标之一即是要确定它与其他人类特质的相关性，比如生活的满足感、如何应对失败、自尊心、判断力等。美国德州大学奥斯汀分

校的一位心理学家，克里斯汀·耐夫，发明了一套“自我同情评估法”。这套评估体系中有六个次级评估，分别度量自我同情的各个关键要素：自我关怀、共通人性与自我觉醒，以及它们的反面，自我责备、自我隔离与过度投入。你可以从耐夫的网站上（www.self-compassion.org）获得他的“自我同情评估法”，以及大量的相关研究成果。现在，你就可以做一下这个测试：对自己目前的自我同情水平做一个准确的评估，然后，在一个月以后再重做一次，以此来测定一下自我觉醒和自我同情练习对你的影响。

自我关怀

自我关怀是自我责备的反面。例如，在“自我同情评估法”中，与“我对自己的缺点和不足很宽容”这一陈述相对的是：“当我看到自己身上不喜欢的那些方面，我会讨厌自己。”当事情没有按照我们的意愿进行时，我们往往喜欢评判自己，并且用辱骂的话来伤害自己。一个有自我同情心的人能够用一种亲切的、理解的方式来面对困难和挫折，而不是用严酷无情和自我批评来应对。

共通人性

当我们遇到不幸时，往往会感觉自己是世界上唯一一个遭受这种痛苦的人。我们还会为自己的不幸感到羞愧，好像只有自己该为这件事情负责。这就是羞愧隔离。当强烈的情绪消退之后，我们从一个更宽广的视角来看当时的情况，就会发现，所发生的一切其实是源于“宇宙的原因”，而不仅仅是由于“我”和“我的过错”。所有的事情都在时间的河流中流动，互相联结，至少在很小的程度上。其他人会与我们有相同的体验。这种对于共通人性的认识，让我们感到宽慰，并且从孤独感和隔离感中脱离出来。

自我觉醒

正如自我同情包含在自我觉醒中，自我觉醒也可以在自我同情中找到。自我觉醒是不会沉迷的感知——它让我们有能力以一种平稳、镇定的方式去接受痛苦的思绪和情感。当我们在情绪反应中迷失了自己的时候，即是自我觉醒的反面——“过度投入”——发生的时候。痛苦局限了我们的感知能力。自我觉醒则帮助识别何时我们在痛苦，何时我们在自责，何时我们在隔离自己，并且为我们指明出路。

“自我同情评估法”中关于自我觉醒的一项是：“当我情绪低落时，我尝试着用好奇和开放的心态去接近我的情感。”而自我觉醒的反面可以在这一陈述中看到：“当我情绪低落时，我往往会心绪不宁，一直抓着所有的错误不放。”

跟自己过不去，是很多人痛苦的根源

尽管我们的个人经历可能带给我们不同的答案，但自我同情实际上是这个世界中最自然不过的事情。所有生命的内心都根植着想要得到快乐、远离痛苦的意愿。当我们在吮吸母乳时，当我们在为孤独哭泣时，当我们攒钱来买一辆粉色的卡迪拉克时，都是在回应这种本能。我们做的所有事情，即使是从帮助别人那里获得的快乐，似乎也源于让自己感觉好一点儿的意愿。因此，自我同情练习并不是要添加什么特别的东西到我们的行为清单中——我们天生就希望自己平安、快乐和健康，我们天生就拥有无忧无虑生活的愿望，而自我同情只是将这愿望的火苗扇得更旺，但所不同的是，自我同情是以一种更为有益的方式在进行，它让人不再屈从于本能的意愿——试图抓住短期的快乐，不计代价地去逃避伤痛。

第一步我们需要意识到，让自己感觉舒服一点儿是自己应得的。当我们感觉特别糟糕时，大部分人会沉浸在自我惩罚，而不是自我同情之中。我们不断地在自我责备上添砖加瓦："如果我当时不是这么蠢的话，这些都不会发生。"好像对我们来说，痛苦所体现的总是一种个性上的缺陷，而不是人类条件的一种局限。如果我们提醒自己，想要感觉舒服一点儿是一种自然的本能，也许当事情出错时，我们就不会再那样责备自己。当你身体受伤时，你不是会清洗包扎伤口吗？为什么当你精神上遭遇伤痛之时，就不能做同样的事情？

实际上，当糟糕的事情发生在我们身上时，我们一般会有三种不合适的反应：自我责备、自我隔离与自我沉迷。耐夫关于自我同情的三个部分引导我们走向完全相反的方向：自我关怀、共通人性和自我觉醒。自我关怀让我们避免了自我责备；共通人性让自己在体验共通人性的同时，走出了自我隔离的牢笼；自我觉醒则让我们能够以一种清醒而平稳的方式走近自己的负面情绪，并以此获得解脱。

那么，当痛苦降临时，为什么我们要自我责备、自我隔离和自我沉迷呢？我是这样看待这个问题的：对于来自外面的危险，我们有一种本能反应，这种反应被称之为"压力反应"，比如遇到老虎，不容思考，我们就会有本能反应。这种本能反应就是——

要么战斗，要么逃跑，要么静止不动。这三种策略能够帮助我们在身体遭遇危机时生存下来，但是，当它们被应用到我们的精神和情绪机能上时，我们就有了麻烦——当没有外部的敌人需要抵御时，我们就把矛头转向了自身。“战斗”变成了自我责备，“逃跑”变成了自我隔离，而“静止不动”变成了自我沉迷，我们被锁进了自己的思绪之中。

科学家最近发现了对于压力的另外一种本能反应——“照料和成为朋友”。在遭遇威胁时，人们首先会对子女表现出一种保护性的反应（照料），然后寻求社会性的接触（成为朋友）。尽管“战斗或逃跑”与“照料和成为朋友”两种反应对于男性和女性来说都很普遍，但是女性与男性相比似乎更倾向于后者。“照料和成为朋友”这种反应与后叶催产素有关，而主要存在于女性体内的雌性激素能够强化后叶催产素的效果。因此，女性对于自我同情（和自己成为朋友）的亲和性可能会比男性更强一些。但是，既然后叶催产素能够缓冲“战斗或逃跑”反应带来的破坏，所以自我同情对于每一个经受压力的人而言都是一种值得培养的能力。

另一部分人群可能会发现自我同情是不自然的，或者很难去实践。这些人在童年时期可能受过忽视或者虐待，在性格形成时期经受了过多的压力。对于这些人而言，需要更长一点儿的时间来完成学习过程。许多遭受过精神创伤的人会觉得他们不应该得到舒服的感觉，或者以前没有经历过很多感觉愉快的事情。此外，对他们来说，保证情绪上的痛苦在安全的剂量以内可能很困难。痛苦的情绪会唤起早期的伤痛。例如，一次婚姻关系的破裂可能让童年时期积存起来的孤独和羞愧的浪潮爆发出来，将一个人专注和行动的能力冲垮。

但是，有童年创伤的人，往往会对其他的人或物表现出明显的同情和善意，特别是对小动物或者小孩子。几乎每个人都能对某一个人或者某种事物，自然地涌起同情。正如我们将在后面的章节中看到的，如果一开始很难对自己感觉同情，你可以应用对别人的同情作为工具过渡到自己身上。

有时候自我同情可能十分难以捉摸，但是既然想要快乐、想要远离痛苦的愿望源于先天，它就不可能一直被忽略，还有一些措施能为成功提供实际的保证。我自己的母亲，一辈子都在抚养孩子，帮助社区的邻居们，开始练习自我同情不久，她告诉我："直到 83 岁，我都不知道我可以关爱我自己！"虽然母亲也像许多老人一样，随着年龄老去，性情变得越来越温柔，不再那么挑剔，不再容易生气，但是自我同情还是给她带来了极大的安慰，她说："练习自我同情能够帮助自己从容应对衰老带来的麻烦，也能够让我平静地面对死亡。"

先要给自己戴上氧气罩，才能去帮助别人

我们大部分人在关心自己时会觉得有一点羞愧："还有这么多人情况比我还要糟糕！跟他们相比，我的问题根本不算什么。我应该把问题咽下去，不要抱怨。"

确实，总会有人情况比你还要糟糕，而且只要我们能够做到，就应该尽力去帮助别人。但这并不意味着，你不能抽时间来照顾一下自己。我们都是需要维修保养的，花一点时间来关照一下自己并不是一种道德退步。当我们对自我同情很熟练的时候，它所

需要的仅仅是几秒钟或一分钟。而将自己的困难与别人的相比较，也是一种微妙的否认和逃避个人伤痛的方式，会让我们在苦恼上面停留更长的时间。

我在环游世界的过程中观察到，美国人在感觉很糟糕的时候会特别窘迫，就好像他们做错了什么——他们的品质在某种程度上没有满足自己的要求。有些美国的宗教团体将物质上的成功等同于对上帝的拥戴。新时代运动的理论将霉运解释为坏的因果宿缘，是自己以前的恶行带来的报应。这些文化因素的功能只是隔离和责备那些受难者，而不是鼓励一种善意的应对痛苦的方式。

有人会担心自我同情就像一个私密的茧子，让他们变得自私自利，以自我为中心，从而将他们封闭起来，与他人隔绝。事实恰好相反：我们越是对自己敞开心扉，与生活中的其他一切就感觉越亲密。自我同情是善待他人的根基。当我们能够接受自己的奇怪癖性，也会越来越能够接纳他人的。比如，如果我一直在挑剔批评自己的着装没有风度，就很可能对街道上穿着欠佳的人也非常鄙夷。当我出门时，虽然了解到自己有各种缺点，但仍然不亢不卑，对自己充满关爱，我就会带着温暖的微笑向别人打招呼。

接受自己的缺陷并不意味着我们的行为不能或者不应该向好的方向做出改变。接受针对的是此时此刻。我们每个人都有成长的空间，而且成长是必要的。我们首先从与今天的自己成为朋友开始，不管自己有多么笨手笨脚，多么不完美，多么无知。不论何时何地，对自己的全面接受，能够让我们在想到达的方向上更容易适应和做出改变。

共情和自我意识

对于他人的共情和对于自己内心状态的意识似乎有相同的神经学基础，都与大脑中叫作脑岛的一个区域有关。脑岛的大小大致相当于一个李子干，深藏在大脑皮层的两侧。英国苏塞克斯大学的雨果·克里希利发现，具有较强共情能力的人，右脑岛前部的灰质更多。另外，他还发现，在一次共情评估中得分较高的人，更擅长跟踪自己的心跳——了解自己身体中正在发生什么。脑岛似乎能够将感觉传送给大脑来感知，而这种感知能够用于社会性交流中的共情。

在位于亚利桑那州菲尼克斯城的巴罗神经病学研究所，亚瑟·克雷格提出一个假设：身体的感觉首先进入脑岛的后部，然后在脑岛的前部转化为社会性的情绪——信任、蔑视、内疚和骄傲等。因此，脑岛是我们的感觉和情绪之间的“中间人”，是身体和思维之间的纽带。通过冥想可以对脑岛做出调节，这也许能够解释为什么对于身体的自我觉醒能够让我们从烦扰的情绪之中解脱出来。

自我同情不是自我怜悯

也许有人会认为自我同情就是放任自己沉浸在自伤自怜之中。自我同情的前期阶段可能确实包括自我怜悯，这是没有任何问题的。我特别喜欢鲍伯·迪伦的《山顶惊雷》里的歌词：“以上帝之爱的名义，对自己施以怜悯！”但是，自我怜悯可能会缩小我们周围的空间，将我们与他人割裂开来，而自我同情却让我们向所有生命普遍性的痛苦敞开。而且，自我同情对这种普遍性的痛苦会有一种镇定的、觉知的感情，既不过于乐观也不过于悲观。例如，如果你生病了，自我同情并不是要将自己生病的结果灾难化，看得有多么悲苦，相反，它只是表示在生病时，对自己抱着一种关爱的态度。

最后，自我同情并不是自私自利，因为它不完全是针对个人的。在一群人里面，去帮助最为痛苦的人、我们最为熟悉的人、我们最能帮助的人，是符合情理的选择。有时候这个人可能就是你自己，有时候可能是其他人。用一个飞机上的例子作为类比，当机舱气压下降时，我们首先要给自己戴上氧气罩，然后才能去帮助别人。

你拥抱伤痛，宽恕和爱就会来拥抱你

自我同情练习是一种特殊的方法，可以慢慢弱化我们抗拒伤痛的顽固倾向。它是对脖子以下的身体的自我觉醒，强调内心的特质，包括人的动机和情绪，而不是头脑的意识和智慧。自我觉醒和自我同情能够让人逐渐与情感伤痛建立起一种友好的关系。自我觉醒说："去感觉你的伤痛。"自我同情说："在伤痛中关爱自己。"这两种方式都是在说要更加全心全意地拥抱我们的生活。

自我觉醒可以通向自我同情带来宽恕、温柔和爱。为了打开我们的心灵，首先要睁开我们的眼睛。

我曾经多次到印度游历，因为我十分崇敬那里古老的文化、谦和的人民，还有关于冥想的深厚传统。但是也有我不喜欢的，就是那些乞丐。有的乞丐确实很可怜，比如我曾经见到的一位，整个鼻子都因为麻风病烂掉了。但是，还有许多乞丐其实只是卑劣的机会

“最近，我学会了同情。”

主义者。这些印度的乞丐总是让我纠结烦闷：一方面是因为他们悲惨的境遇，另一方面是因为其中有不少在欺骗旅客。我不断重复着进退两难的窘境：我是否应该给他们几个硬币？如果我给了，是不是在支持欺骗行为？如果我不给，是不是很自私？

这样纠结烦闷了几年以后，一天，我的自我开始觉醒了，我对自己说：“这里有一位乞丐，面对他，我心里出现的是紧张和困惑。”当我用一种接受的方式将注意力集中在自己的身体上时，身体开始稍微放松下来。让我惊奇的是，我发现自己开始能够回应乞丐的目光，并报以真诚的微笑了，而原来一见到乞丐我总是屏住呼吸，目光躲躲闪闪。现在遇到乞丐，有时候我会给一点钱，有时候则不会。而对有些乞丐来说，收获一个微笑甚至比几个硬币更有价值。

自我觉醒帮我将乞丐们——那些确实需要帮助和那些实际不需要的——都看作竭力维持生计的普通人。我不再因为轻信一个假乞丐而评判自己，而且我的心仍然对真正需要帮助的人敞开着。对于我身体内部反应的觉知，为我打开了另一块空间，让我同时体验到自我同情和对他人的同情。

自我觉醒练习往往能唤起自我同情。

在冥想中，有时候仅仅练习单焦点觉知和开放性范围觉知，不涉及慈爱的因素，就能够得到放松和宽慰。当我们处于情绪骚乱之中时，知道如何操控注意力去忽略掉烦扰的感情是一种很重要的能力——一次一次地返回到自己的呼吸上，不管感觉到的是何种情绪。

然而，有时候我们的情绪过于烦乱，以至于不能约束自己的注意力，甚至找不到自己的呼吸。这时候该怎么办呢？我们可能会感觉如此难受，就像躺在一张布满铁钉的床上。在这种时候，意识到自己的剧痛是将关怀带给自己的第一步，也是至关重要的一步。下一章将会重点讨论如何从身体上、精神上、情绪上、关系上和心灵上，将关注和关怀带给自己。

自我同情所针对的更多的是“动机”而不是注意力。它是对自己的“美好意愿”。它能够抚慰我们的心神，就像一位亲密的朋友，愿意倾听我们的困难，无须给出什么建议，直到我们可以自己将问题解决。我们不需要特别擅长调整自己的注意力，就能够从自我同情的练习中获益。我们只需要知道自己正在伤痛之中。

一位优雅的主人，掌握着慈爱和自我觉醒精妙的调配——这个隐喻说的就是自我同情。来看一下 13 世纪波斯的一位诗人鲁米所写的一首诗：

身为一个人就像一间家庭旅馆
每个早晨迎来一位新的旅客
一位“愉悦”，一位“沮丧”，一位“刻薄”
还有些瞬息而逝的知觉
像不速之客一样闯进来
欢迎并款待每一位客人！
即使是一群“悲伤”
他们粗暴地扫荡你的房子
尽管它本已空无一物
仍然对每一位客人以礼相待
为了什么新的乐趣
他甚至可以让你囊空如洗！

“阴暗的想法”“羞惭”“怨恨”
在门前对他们笑脸相迎
并邀请他们进门
对每一位来客心存感激
因为每一位都是
从彼岸派来的向导

“欢迎并款待每一位客人”的美好意愿为所有的感情创造出一片空间，不管是正面的还是负面的。我们并不会偏爱某种感情，而不喜欢其他——赶走某些感情，美化另外一些。正如优雅的主人在将客人送回家时，会让他们比刚到的时候开心得多，好意往往能够将我们的感情向好的方向塑造。

内心没有了对抗，宁静的心中就会升起一道彩虹

人们之所以痛苦，是因为“自我”被痛苦的情感绑架了。自我觉醒练习最重要的贡献在于唤醒自我，自我同情最大的目的在于给予“自我”更多的关爱。当痛苦十分强烈时，我们被痛苦的情绪所吞噬，并且融入其中，于是“自我”便在痛苦中消失了。要减轻痛苦，我们需要将接受的目标从我们款待的感觉——“一位‘愉悦’，一位‘沮丧’，一位‘刻薄’”——转移到“主人”身上。琳达正是这样做的。

琳达刚刚收到自己患有乳腺癌的诊断报告时，陷入了异乎寻常的痛苦之中。虽然她并不十分害怕死亡，也不太担心手术的成功率。但作为一位单身母亲，她却十分担心自己 19 岁的女儿，她担心女儿会在无父无母的状态下一个人生活下去。琳达忍受不了这种想法，但又无法摆脱。后来，她进行了自我觉醒的练习。琳达告诉我：“每次意识到这种想法从自己的脑海中掠过，自己是多么痛苦时，我都会长舒一口气，让身体稍稍放松一下。”我对她说：“这就是自我同情，只要你把自己当成主人，把自己的痛苦当成客人并给予款待，你便能释放自己的恐惧，淡定地去面对自己的痛苦。几千年来，佛教的僧人们就是这样从痛苦中获得解脱的。”从这以后，琳达开始放开心思去考虑怎样为女儿做最坏的打

算。或许女儿最喜欢的姑妈能够收留她？或许女儿在最坏的事情发生之前能够找到自己的依靠？

让自己在混沌的情绪之中保持头脑清醒，是化解痛苦的第一步。但这并不是那么容易的。当我们被强烈的感情攫住时，我们的注意力被局限在眼前的尺寸之处，而不是后面的开阔之地。如果我们总是纠缠于“这是一个问题”或者“他真讨厌”之中，我们就不可能再给予自己所需要的体贴和关怀。

例如，当夫妻之间发生冲突时，每个人都专注于如何奋力让对方看到自己。婚姻中的冲突往往都会走到这一步：“看看我，看看我！”每个人都试图证实对方给自己带来了多大的痛苦。这种诉求往往是徒劳的，因为当我们开始互相谴责时，就不可能再得到认可。更好的选择是，转移我们的注意力，并且首先对我们自己的痛苦报以同情，然后再去倾听对方。

当我们陷入痛苦的情绪之中时，一种“自我”的意识似乎会自然地涌上来。例如，你在害怕死亡，你可能会问一些本源的问题：你是“谁”？或者你是“什么”？谁会真正地死去？而当人处于愉悦、幸福和忙碌的状态时，他们很少去思考和感觉自己是谁，他们的自我也不会觉醒。

如果你仔细考虑一下，这也是合情合理的。“自我”几乎总是与身体结合在一起，而身体的存在是为了生存。当我们的身体陷入危险之中，就会为生存而战斗。当我们陷入情绪上的困难之中，则会努力保护我们的自我。一种过于强硬的“自我”感（“我很年轻，我很聪明”）的问题在于，当生活发生变动时，它会搅乱我们的安乐；而能够适应生活中变动（失败，病痛，衰老）的能力才是真正决定我们能否长远幸福宁静的因素。一直努力让自己强撑着，抵挡侮辱和伤害，会让人非常紧张疲累。

但是，要在自我同情的道路上前进，我们需要一个“自我”。如果没有人能够在一旁感知到自我责备或者自我隔离的态度带来的伤痛，任何改变都是不可能的。对于“自我”，我们可以培养一种关怀、温和的态度，直到它不再遭受痛苦。我们给予痛苦的“自我”同情越多，自我就会变得越灵活温顺。例如，如果我做了一场枯燥乏味的演讲，过后发现自己在脑海中不断回想着每一句话，这时候几句体谅的话可能会非常有帮助，比如：“好吧，演讲正好在午饭之后。你还能期待怎样？大家正好想打个小盹呢！”来自他人或者来自自己的同情，都能够帮助我们在不适之中坦然接受自己。我们开始看到让事情出错的各种复杂因素，并且我们不再需要站在世界的中心。用西蒙·威尔的话来说：“对于自己的同情是一种谦虚。”

关于自我同情的研究表明，它能够减缓我们生活中负面事件的冲击。有自我同情心的人在他们的努力一无所成时更容易承认，并且承担自己应该承担的责任。他们甚至会更容易承认自己性格中不受欢迎的侧面，但是并不会过多地受其烦扰。例如，一个有自我同情心的人在学术上遇到了挫折，他 / 她反而会将其看作一个进步的机会。

有趣的是，有自我同情心的人拥有很强的自信心，但是他们的自信心与别人的评价并没有特别的关系。源于自我同情的自信心与我们如何回应评价有关。收到负面评价的时候，应该是同情和安慰的时机，而不应该沉迷其中，并且责备自己。因此，有自我同情心的人对于失败和嫌弃并不会太害怕。很强的自信心似乎会与自恋联系到一起，但是自我同情与自恋毫无关系。自我同情的人不需要通过变得浮夸造作来让自己感觉良好。

自我同情是一种比较稳定的调节情绪的方式。当我们情绪低落时，不需要吹捧自己，可以通过比如正向肯定（例如，“每天我都感觉自己越来越好”）来调节。有自我同情心的人用温柔和关怀深入到他们体验的真实境况之中，这些温柔和关怀能够将挣扎抵抗从中抽离出来。

到现在为止，我们已经认识到自我同情是对痛苦的一种健康、自然的反应。我们在情绪上越是抗争，就越容易被自我责备、自我隔离和自我沉迷所挟持。通往情绪自由的道路从关怀痛苦中的“自我”开始。

第5章

越是对自己温柔，你的内心就越坚韧

以天下之至柔，驰骋天下之至坚。

——老子

冥想让我们停留在当下，它斩断了时间的链条，去掉了过去和未来，只保留下此时此刻。一个人如果不为过去而悔恨，不为未来而焦虑，他的自我也就开始了觉醒。实际上，佛陀就是一个觉醒的人，而人只不过是还没觉醒的佛。

人人都可以通过自我觉醒成为佛。

自我觉醒之人与普通人最大的不同在于，他能把同情给予自我。如果自我还没有觉醒，找不到自我，人也就无法给予自我同情。

自我同情能让我们的内心变得强大无比，为什么普通人对死亡充满了恐惧，而那些得道高僧却能淡定自若？因为前者没有自我同情，而后者则通过自我同情将自己从痛苦之中解救出来。

在这个世界上，除了我们自己，没有人能够给予我们真正的快乐和幸福。同样，在这个世界上，除了我们自己，谁都无法伤害我们。自我同情是自我强大的根基，它相当于武功中的金钟罩和铁布衫，如果学会了，我们就成为了心灵超人。

自我同情心有五个层次，分别在身体层面、心理层面、情绪层面、关系层面和精神层面。精神层面是自我同情心的顶层，修炼到这个层面，人便由“有我之境”跨入了“无我之境”，成为了心灵超人。下面我们就如何修炼，给大家做一个简要的介绍。

与自己对抗时，你的身体会变得坚硬，内心却变得很脆弱

修炼自我同情心的第一层：软化你的身体，不要自我责备。

当你的身体处于压力之中时，你的肌肉会变得坚硬如瘤。例如，我们遇到老虎时，身体的肌肉会立刻建立起一层坚硬的盾牌，促使我们有足够的力量要么逃跑，要么去与之搏斗。毫无疑问，肌肉的坚硬可以让我们有能力去面对外来的威胁。但不幸的是，当我们的内心陷入恐惧、焦虑和羞愧的时候，肌肉同样也会变得紧张坚硬。这样一来，我们便把内心的负面情绪和情感当成了外来的老虎，不是拼命逃避，就是与之搏斗。结果越逃避，内心的负面情绪就追得越紧；越搏斗，对方就越凶狠。许多人都有过这样的体会，自己在一场考试中越是想控制自己紧张的情绪，自己就越紧张，甚至连以前特别熟悉的题也忘记了。所以，与自己为敌，你永远成不了赢家。

自我同情从软化身体开始

面对内心的负面情绪，我们首先要做的就是软化身体，而不是使其绷得更紧。同情是柔和而亲切的。你可以通过冥想或者静坐来感觉身体的紧绷，试着软化你的腹部，使其舒适放松。如果你注意到身体的其他部分也处于绷紧状态，同样使其软化。这就像你在第三章中尝试过的“软化、放任和关爱”练习。在软化时，你并不是在“努力”去放松，那样只会给你更多压力，你只需要去软化就行了。

对你的呼吸做同样的事情。当你紧张时，你的呼吸会变得短而浅。试着稍稍软化一下你的呼吸，可以在你吸气呼气时缓缓地让腹部向外舒张。呼气长度约为吸气长度的两倍。如果在你做完之后呼吸又变回短而浅的状态，也不要担心。

你在压力下做的任何软化和抚慰身体的事情，都可以归类到身体的自我同情之中。也许你需要小睡一会儿，吃点儿有营养的食物，做一下运动，洗个热水澡，做做爱，晒晒太阳，度个假，逗逗狗，或者做一下按摩。给自己几分钟，想象一下做哪些事情可以帮助你把绷紧的身体软化下来。

从身体上关心自己可以让你的思维清醒。

思维和身体之间往往存在一种相反的关系：当身体不活跃时，思维会全速运转；当身体开始活动时，思维则会平静下来。例如，当身体不活跃时，我们的思维会不断地从一个焦点跳到另一个焦点——或者对过去念念不忘，或者对未来忧心忡忡。当身体活跃之时，我们的思维便停留在了当下，只关注自己的此时此刻，这样一来，我们的思维就变得平静起来。因此，身体的状态直接左右着心灵，软化身体就是软化心灵。

温暖你的手，温暖你的心

在耶鲁大学的一项研究中，劳伦斯·威廉姆斯和约翰·巴夫教授发现，温热的手能够增强人们情绪的“温暖”。这两位教授让21名大学生用手端住一杯热咖啡，让另外21名大学生用手端住一杯冷咖啡，然后，让他们对一个假想人物进行评估。结果，手握热咖啡的人对假想人物的评价比手握冷咖啡的人更“温暖”。这体现出他们的内心更慷慨，更关心别人。

在另一项研究中，教授分别给参与者一些热的和冷的护垫，让他们将这些护垫握在手中，并评估其效果。作为给参与者的报酬，教授将为他们提供一次免费的午餐，并让他们做出选择，他们既可以自己去吃，也可以将这机会送给一位朋友。结果，那些握住冷护垫的学生更倾向于自己去享用这次午餐，而那些握住热护垫的学生更倾向于将免费的午餐送给朋友。

这表明，身体上的温暖跟心理上的温暖密切相关。最近的研究表明，对身体和心理温暖的感知都与脑岛有关。因此，当我们喝下一杯热茶或者洗一个热水澡的时候，也可以让自己的情绪温暖起来。

软化身体需要克服自我责备，因为自我责备会让我们的神经更紧张，给生活带来巨大的破坏。如果在某件事情变糟之后，你持续观察自己的思维10分钟，很可能会注意到你在责备自己。知道哪里出了错，并且去纠正自己的错误，对事情确实很有帮助，但是我们往往走得太远了。我们很可能会因为在责备自己而责备自己。记住，我们越是抗拒的东西，持续的时间就越长。最好的解决之道是：仅仅去“见证”这些责备，任它们自由来去。

试着做：数一下自我责备的次数

在普通的一天里，挑出 15 分钟来做这个练习。选择你的思维可能会四处游荡的某个时间，对自己说："在接下来的 15 分钟里，大约每 1 分钟我都会检查一下，自己是否有自我责备的念头。"如果你正好有一个可以嘟嘟响的电子设备，可以将其设定为每分钟响一次。不要去操心如何记住你所想的内容。只要给你批评自己的次数在心里做一个统计，或者用自己的手指来数。

自我责备的想法转瞬即逝，但对我们的影响却是深远的。如果你将注意力集中在身体上，就会发现你的身体之所以绷紧，很可能是因为你脑中正有一个批评自己的念头。

思绪是一匹野马，如果你限制它，它就会伤害你

修炼自我同情心的第二层：放任你的思绪，只品尝，不评论。

你如何从心理上关心自己？特别是当你的心神被占据或者大脑正在飞速转动着各种想法时。有同情心的反应是，退后一步，并且"放任"你的想法自由来去——停止你的抗拒。我们要做的是开辟一个心理空间，让烦乱的想法可以从容自然地溜进溜出。

如何才能放下每天不必要的忧虑？一个古老的方法是使用

“念词”。

“念词”的字面意思是“思维的工具”。常用的“念词”有：“该来的总是会来，该去的总是会去”“天要下雨，娘要嫁人”“此处不留爷，自有留爷处”等。不断重复这些词句会让思维镇静下来。每次我们将注意力返回到一个单独的词句上时，我们就能从自己的思绪中解脱出来。有人仅仅是在脑海中不断简单地重复“是的”，就能从中获益。悲观主义者们好像特别喜欢这句：“东方不亮西方亮！”

你可以体验一些能够让你应付不同心理状态的念词。例如，在做重要决定前，能够帮助你消除犹豫的念词是“听天命，尽人事”，应对羞愧的一句念词是“人无完人”。当你在应用某句念词时，体会一下你的语气语调。“听天命，尽人事”应该是积极自信的；“人无完人”应该是谦逊的。

具象化也能帮助你释放烦扰的念头。比如，你可以将思维中的杂念想象为溪流中漂浮的落叶，每一片叶子都带走了你脑海中的一丝烦恼。或者将自己想象为天空，你的杂念则像流云，有的暗沉欲雨，有的飘逸轻盈，最终都将穿行而过。

为了更轻松地对待我们的思绪，一种强有力的方法是设想死亡。“如果我只剩下一个月的生命，对这件事我会是怎样的感觉？”在死亡的背景下，我们的担忧好像很少是真正重要的。类似地，如果我们问自己，生活中对我们最重要的是什么——快乐的孩子，健康的身体，平静的心灵——我们就会将琐碎的杂念放下。

放任自己的思绪，要牢记一个原则：只品尝不评论。“品尝”指的是投入、享受，并强化生活中正面体验的能力。它是一种自我关怀。品尝的反面是给自己泼冷水。考虑下面的问题：

* 你会不会允许自己享受赞美的话？
* 你最近有没有慢慢享受一顿美食？
* 你会不会沉醉于对某个人的爱？
* 你喜不喜欢在秋日里深呼吸一下，享受清新的空气？
* 当你高兴时，会不会允许自己纵情大笑？
* 你是否会对自己的成绩感到骄傲？
* 你会不会拍照纪念重要的时刻？
* 你有没有一些朋友，真正知道应该如何让自己快乐？

我们不应该对正面的体验抓得太紧，因为这样会在它们消失时带来痛苦。但是，我们也不需要因为害怕欢乐时刻的离去而逃避它们。品尝正面的体验是需要勇气的。

埃米莉·狄更生写道：

我可以涉过“悲伤”的水
那么深深的一潭
我对此已习以为常
但“欢乐”即使是轻轻地一推
也会让我的双脚破碎
而我就这样倒下，醉了

你是否已经准备好打开通向正面体验和负面体验的门？

品尝是自我觉醒的一种变化形式。当我们在品尝时，我们会试图完全进入这种体验，而不是紧抓不放或者将其从身体中拖出。自我觉醒的目标是不要对正面或者负面的体验着迷——让它们保持原本的样子，彻彻底底，完完全全。在更高层次的思维状态中，我们还可以品尝烦恼和悲伤。

你可以用温柔的心，化解负面情绪的锋芒

修炼自我同情心的第三层：跟自己痛苦的情感做朋友，正面的情感就会油然而生。

如何去关心自己的情绪状态？有同情心的方法是，跟痛苦的情绪成为朋友——不再与它们战斗。有许多关于这种方法的词汇：共情、友好、关心、原谅、怜悯、善意、体贴、宽容、支持、接纳、理解、亲切和同情等。

布莱恩是一个人到中年的人，总是沉浸在对自己健康状况的担忧之中。他常常疑神疑鬼，身体稍不舒服，便怀疑自己患了绝症，马上就会跑去看医生。为了控制自己的焦虑，布莱恩在当地的一家冥想中心学习了自我觉醒冥想。我也教了他自我同情的技巧。经过了几个月，我和他的妻子都以为他在稳步前进。结果，布莱恩对我说："你知不知道，我学到的所有东西都没有任何效果！"

于是我问他："它们为什么对你没有帮助呢？"

他回答说："唉，我仍然对健康感到焦虑，只要身体出现任何

一点不舒服，我就觉得自己会因此死掉！由于我每次都要找妻子帮我打消疑虑，所以，现在她也变得越来越厌烦我了。”

这引发了我们对其焦虑进行了更深入的讨论，主要涉及下面几点：

* 他会很自然地产生焦虑，这来自于他小时候形成的强迫症。
* 不管我们喜欢与否，焦虑都会来到我们的生活中。
* 布莱恩最常见的焦虑形式是沉迷。
* 我们不能与情绪争吵，那只会让它们变得更糟糕。
* 每个人在生活中都有痛苦，对健康的焦虑只是布莱恩恰好遇到的苦难。
* 我们治疗的目标本质上是要接受焦虑，而不是减少焦虑。
* 他需要学习的是，用更多的关怀和更少的反感去对待焦虑。

听完我的话后，布莱恩问道：“你的意思是，我应该为自己感到难过？”

我回答：“嗯，是的，正是要这样开始。”

就这样，布莱恩在接受痛苦的过程中，开始对自己的焦虑给予了关怀和同情，最终打开了通向康复的道路。

与布莱恩给予自己的同情类似，宽恕也能在情绪上给予我们自我关怀。许多人发现，当我们犯错时很难原谅自己，不会给自己一丝怜悯。要原谅自己的一种方法是，问自己："我最好的朋友会怎么说？"或者，就像那句俗语："耶稣或者佛陀会怎么说？"通过更多地从别人宽厚的眼光里，我们可以让自己从沉迷中解脱出来。

本书大部分内容都是关于如何与痛苦的情绪，以及自己建立更友好的关系。让自己进行令人愉悦的活动会很有帮助。例如：

* 听音乐
* 度假
* 放风筝
* 去教堂做礼拜
* 考虑与性有关的事情
* 读小说
* 买唱片
* 开车兜风
* 整理花园
* 骑单车
* 去看电影
* 做美食
* 收集贝壳

进行那些能够令人愉快的活动，是从情绪上关心自己的一种方式。

我们内心的风景是由正面情绪和负面情绪组成的。那些正面的情绪让我们快乐，而那些负面的情绪让我们痛苦。因此，培养正面情绪是一件为我们自己而做的有同情心的事情。但是，我们必须以觉醒的方式来做这件事——既不去推开负面情绪，也不要紧抓正面情绪不放。

悲伤是一种软性的情感，愤怒是一种硬性的情感

正面情绪至少有两种值得注意的性质：它们让人感觉很舒服，而且还会将人与人联系在一起。正面情绪包括：喜爱、开心、激情、希望、惊奇以及敬畏等。快乐的人会感觉与周围的环境相互连接，而不快乐的人会感觉与环境相互隔离。大多数正面情绪都包含有对他人的关心。例如，同情是一种能够让我们与他人保持交流的情绪，即使是在很艰难的时候。

负面情绪给人的感觉很糟糕，并且会将我们与他人隔离开来。它包括：憎恨、愤怒、厌恶、内疚、悲伤、惭愧、焦虑以及怜悯等。愤怒会将别人推开；憎恨会切断我们与外界的联系；内疚用内心的纠结将自己蜷缩了起来。怜悯与同情相比是一种稍微有些负面的情绪，因为怜悯中隐含了一种疏远对方的感情。我们“怜悯”某人时，会因为感动去帮助他，但是我们一般不会感觉跟他是平等的——处于同样的水平上。

悲伤是一种“软性”的情绪，因为这种情绪有一扇向别人打开的门，愿意接受别人的帮助。相反，愤怒和憎恨则是“硬性”的情绪，会冷漠地拒绝他人。软性的情绪有悲伤、内疚、嫌弃和窘迫等。对于软性的情绪，我们需要对它们友善，不抗拒，不回避，勇敢地去经历它们，感觉它们，直到它们自己离开。对于硬性的情绪，比如愤怒和憎恨，则需要用不同的方法对待，具体来

说，就是不要与它们纠缠，不要与它们对抗，而是松开双手，放它们走。对于愤怒和憎恨这些硬性的情绪，我们需要“放开”，而对于软性的情绪，我们只要去经历，它们就会变得容易处理。不过，当我们放开硬性的感情之后，往往会发现在其下隐藏着的软性情绪。例如，在愤怒之下一般隐藏着对联系的渴望、恐惧、悲伤或者迷茫。

如果我们能够自我同情，就会发现负面情绪也有它正面的功能，它可以对某个问题向我们提出警示。当我们感觉到负面情绪时，我们的生理或心理健康可能正处于危险之中，应该多加留意。例如，恐惧能够告诉我们什么地方不该去，什么时候该逃跑。类似地，悲伤能够提醒我们注意婚姻关系中的疏离，这种关系可能悄无声息地远去，让我们的家庭幸福陷入危机。我们并不是要根除掉负面感情——我们只是不想深陷其中。

正面情绪显示出许多益处。正面情绪与快乐有关，而快乐的人更容易在生活中获得成功，而且在面对不幸时有更强的承受能力。他们往往更有活力，更少受到种族上的歧视，更容易在工作中获得成功，并且拥有满意度更高的人际关系。

情绪脑

情绪产生于属于大脑边缘系统的中脑。

大脑边缘系统在哺乳动物中普遍存在，可以用来与后代联结，在群体中协同工作，以及用更精细的方式相互交流。将这些与鳄鱼的情绪活动比较一下。鳄鱼的生存主要依靠恐惧、饥饿和性。爬行动物的大脑已经有边缘系统各要素的雏形，但是还不足以将情绪混合进本能的欲望之中。人类拥有最精细的大脑，包括覆盖整个大脑的一层神经元——新皮层，能够让我们理性地思考，并且拥有意识体验。

来自于“情绪脑”的信号会经过新皮层分析，然后重新送回情绪中枢。例如，扁桃核，这个位于大脑中央深处的某个杏仁状结构，可以迅速地分析路面上的一段绳子，认为是一条危险的蛇。分析完之后，扁桃核一方面会向身体发送逃跑的信号，同时也会向新皮层发送信息，作进一步分析。如果新皮层确定那条“蛇”只是一段绳子，它会向扁桃核返回信息，关闭警报。通过这种方式，我们的理性思维可以控制情绪反应。

人类被创造出来不是为了快乐，而是为了生存。如果有人的边缘系统丧失了交流信息的能力，他很可能无法看见明天的太阳。大脑边缘系统时时向我们发送抗拒和逃避身体不适的信号。不幸的是，它对情绪上的不适也会做出同样的反应。我们需要一种更可靠、更明智的压倒性力量——这就是新皮层的活跃——来告诉我们的边缘系统：抗拒情绪上的痛苦只会适得其反。

这便是 2500 年前佛陀所面临的任务和挑战。当他在讲授对痛苦的抗拒只会让我们的问题更加严重时，实际上，他正在试图战胜人类 500 万年的进化历程。他的生活目标是找出一种实用的心理学方法，可以彻底摆脱痛苦。现在，无论是心理咨询，还是自我觉醒和自我同情，最根本的目的，都是要让新皮层对负面情绪进行深思熟虑，而不是盲目地试图将其除去。科学研究表明：自我觉醒和同情冥想能够改变边缘系统的功能和结构。

笑是一条通往幸福的路

心理学家凯尔特纳想弄清楚，人们情绪上的差异是否会塑造他们的生活。结果发现："会笑的人更有条理，精神更集中，并且更能忍耐重复出现和延续很久的负面影响。而且，他们更可能在 27 岁之前结婚，并且在 30 年后拥有幸福的婚姻。"

在另一项令人惊奇的研究中，肯塔基大学的丹纳教授调查了 180 位天主教修女的自传。这些自传都是 20 世纪她们在大约 22 岁进入修道院时写的。丹纳教授根据正面情绪或负面情绪的内容，对她们手书的生活进行了分类标记。例如：

* 修女 1（低正面情绪）："我在 1909 年 9 月 26 日出生，是家里七个孩子中的老大，七个孩子里有五个女孩儿和两个男孩儿……我候选的一年是在修女之家度过的，教化学，第二年在圣母学院教拉丁文。受上帝的恩典，我要尽自己最大的努力，为了我们的修道院，为了教义的传播，也为了我个人的净化。"

* 修女 2（高正面情绪）："上帝赐予我恩典，给我无价之宝，让我获得了生命……去年我作为候选人在圣母学院学习，是非常开心的一年。现在，我正在

开心而热切地期待着学习《圣母的神圣习惯》，也期待着‘神圣之爱’下的联合教会生活”。

六十年以后，研究者发现，自传中正面情绪相关语句较少的修女中有54%已经去世了，而相对的，自传中一大半都是正面情绪语句的修女中，只有24%去世了。在成年期早期阶段的正面情绪似乎与长寿有很强的相关性。

这项研究还表明，正面情绪能够让我们看到更宽广的风景。我们的视野并不会因为以生存为目标的一点自私自利而受到局限。这说明，如果我们想要对自己意识领域发生的事情保持觉醒，至少要保证一种最低水平的幸福感。冥想教练都知道：他们在将学生送走，让其自己进行冥想之前，往往会在个人谈话中给予他们爱和支持。心理治疗也会进行类似的事情——它会让一个人更高兴，并且给予他探究和掌握生活的勇气。

每个人的心中都住着两只狼

现在我们面临的问题是，应该怎样觉醒地从情绪平衡的状态向正面情绪转移。这里有一个故事能够说明。

一天晚上，一位年迈的切罗基人向他的孙子们说出了一个人生真谛。

他说：“孩子们，在人们的内心深处，一直进行着一场激烈的战斗，这场战斗发生在两只狼之间。一只是恶狼，它代表愤怒、忌妒、嫉恨、悲伤、后悔、贪婪、自大、自怜、内疚、怨恨、自卑、谎言、狂妄、傲慢，还有自负；另一只狼是善良的，它则代表欢乐、平静、爱、希望、安宁、谦逊、关怀、仁慈、共情、慷慨、真实、同情，还有忠诚。”

听完爷爷的话后，孩子们静默不语，若有所思。过了一会儿，其中的一个孩子问爷爷：“最后，哪只狼赢了呢？”

这位饱经沧桑的老切罗基人回答道：“你喂过的那只。”

我们该如何来“喂养”正面情绪呢？情绪本质上是一种习惯，我们既可以加强，也可以弱化。它并不是一种“东西”或者“物质”。有的人认为，愤怒是一个情绪的水库，等待我们从中抽水，越发泄，水库里的水就越少，这种观点显然与事实不符。研究表明，表达愤怒实际上会增加我们再次生气的可能性。减少愤怒唯一的方式是停止相关行为——停止“喂养”这种情绪。

那么，我们是如何在无意之中喂养了像愤怒这样的负面情绪的呢？

当我们与愤怒抗争的时候，我们就是在喂养它；

当我们试图拒绝、逃避和压抑愤怒的时候，我们就是在喂养它；

当我们认为愤怒能够让自己感觉强大，而紧紧抓住愤怒不放时，我们就是在喂养它。

总而言之，抗拒、逃避和沉迷都会喂养负面情绪。如果我们停止在脑海中对它们反复咀嚼，并且维持一种觉醒与同情的态度，它们就会软弱下来。

那么，我们又该如何喂养正面情绪呢？当我们毫无保留地拥抱自己此时此刻的体验时，正面情绪就会自然而然地出现。当我们停止抗拒时，即使是愤怒也能被转化为某种正面的情绪，因为它能向我们传递关于这个世界的重要信息。通过自我觉醒和自我同情，与我们所有的体验协调共处是培养正面情绪的基础。

自我隔离会把轻微的焦虑升级为恐惧，把普通的不开心升级为绝望

修炼自我同情心的第四层：与他人联系在一起，不再自我隔离。

与他人联系在一起是另一种形式的自我关心——不再将自己隔离。记住与其他人联系在一起的感觉，是自我同情的一部分。不管我们实际上是否一个人，我们都可能产生与他人隔离的感觉。

隔离感甚至能够将普通的不开心升级成绝望，或者将轻微的焦虑转变为恐惧。这就是当老人们一个人生活并且遇到健康问题时通常的感觉。隔离会让老人们觉得：每一种新的症状都是灾难来临前的信号。隔离是一种容易被疏忽的错误，当我们身后的关系网络逐渐变得薄弱时，我们可能并不会注意到。因此，我们应该对我们的关系世界给予特别的关注。

我们与他人的关系，对我们内部的感觉有着巨大的影响。例

如，经过一整天的撒谎、偷窃和欺骗以后，到晚上我们不太可能会睡得安稳。正如俗语所说："做了亏心事，总怕敲门声。"虽然撒谎和偷窃能够在短期内让我们更好地生存，但是却对我们的情感健康没有什么益处。作为开始，它首先会让我们疏远自己——让我们跟自己争吵，继而还会进一步让我们与他人疏远。

实际上，与人为善是最聪明的自私，因为它会激发别人反过来关心你。另外，对于温暖的关系的记忆会给予我们长久的快乐。

我想起了一个名叫香提的小女孩的故事，她大约9岁，来自印度孟买的一个富有的家庭。生日那天，香提正在跟父亲一起沿着堤岸散步。这条堤岸上总是有一些穷人在乞讨或者变戏法赚钱。香提要求父亲给她买冰激凌，今天是她的生日。她父亲答应了。当他们向冰激凌摊走去的时候，一个乞丐向他们大喊着乞讨。于是香提要父亲给这个乞丐一点钱。父亲让她选择：用这些钱买一支冰激凌，还是给那个乞丐。香提想了一会儿，然后让父亲把买冰激凌的钱给了这个陌生人。到了晚上，当父亲抱她上床睡觉时，香提甜甜地说："你知道吗，把那些钱给乞丐是我今天最高兴的事情！"香提在很小的年纪就发现了藏在与人友善中的长久的快乐。加拿大哥伦比亚大学的心理学家伊丽莎白·丹在《科学》上发表报告称，如果我们的基本需求得到满足后，把钱花在别人身上比花在自己身上会让我们更高兴。

与他人的联系在不知不觉中塑造着我们自己，最突出的一点就是孩子与父母的联系。我们如何对待自己，一定程度上依赖于父母如何对待我们。因此，早期生活的环境会影响到我们能否充分利用自我同情的力量。

如果父母在情绪上能够积极反应，并且能够"映照"出孩子的情绪（“嗯，亲爱的，我们知道你现在感觉很难过”），孩子就能学着感受难过、生气、害怕、兴奋、高兴和疲劳等情绪，而且还会知道感觉到这些情绪是很正常的。反之，如果每次孩子生气的时候，父母也被激怒，孩子就会将愤怒隐藏起来，因为它会威胁到与父母的关系。等到成年以后，这样的孩子往往会因为生气而责备自己，而不是用自我关心去回应自己的愤怒。

如果父母能够在孩子表现出负面情绪时耐心地接纳，孩子就能在自我意识中安全地成长。这样的孩子在与别人一起时会感觉到安全。例如，有父母在身边时，小孩子会去探索屋子里的玩具，但在父母离开这间屋子之后，小孩子则会变得焦躁不安。当父母再次返回之后，这些孩子又会重新建立身体联系，并且平静下来，重新回去玩耍。这种孩子能够学会重视与他人之间的联系。

如果父母离开时，小孩子并不表现出焦躁的情绪，而且父母回来后也不重新寻求联系，这样的孩子长大以后可能会自我隔离，或者对与他人之间的关系不太重视。如果小孩子对父母的离开表现出过分的担忧，或者不能探索周围的环境，或者在父母回来之后也不能平静下来，他很可能会成长为一个愤怒、消极或者恐惧的成年人，没有足够的能力使自己镇静，无法控制自己的情绪。这种非语言性的情绪习惯会从童年时期一直延续到成年阶段。

另外，小孩子容易把父母的形象吸收内化为自己的一部分。如果一个女孩儿的母亲非常耐心并且关心她，她很可能会吸收这些行为，并且用同样的方式与自己和他人相处。如果父母总是反复无常或者虐待孩子，就会让孩子丧失掉关心自己的能力，甚至不明白感觉舒服是一种可以接受的情绪状态。我认识一些小时候受到虐待的成年人，他们觉得自己必须竭尽全力去工作，否则就会被骂成“懒惰”和“恶劣”之人。他们感觉像机器人，一刻不停地为别人活着。我之前的一位病人安德鲁，就是这样的例子。

安德鲁在一个冬天的深夜绝望地打电话过来。原来他下班后开着卡车回家，由于刚刚下过小雨，路面开始结冰。当他在一个红灯处想要慢下来时，卡车因为打滑直接冲向了前面的汽车。没有人受伤，但是他却撞坏了前面的汽车。为此，安德鲁的心情十分糟糕，陷入了深深的自我责备之中。

给我打电话对安德鲁来说，是很重要的一步。由于从小父母的冷漠，安德鲁常常感觉自己是多余的人。当事情出错时，安德鲁往往会以自我隔离和自我评判作为反应。他慢慢认识到这些反应对自己是有害的，他不想再这样重复下去。在我们通过电话交谈时，我让安德鲁回想了一下：“如果你的朋友犯了这样的错误，你会对朋友说些什么，难道你会责备他，骂他在有冰的路面上开车是多么愚蠢吗？”他回想了一会儿，坚定地对我说：“不，从来没有！”就在那一刻，安德鲁意识到，他的汽车故障会发生在任何人身上——而且这仅仅是汽车的故障而已。

在我们的通话中，安德鲁回忆起，每次他给母亲惹麻烦的时候都会遭到谩骂，比如，他骑单车撞到路沿上，把车圈撞弯的那次。安德鲁感觉自己拥有一种情绪记忆，而且一直在模仿小时候所受到的对待。安德鲁郑重地决定：如果再有这样的事情发生，他一定要用“自我同情”来应对，而不是自我责备和自我隔离。

把“我”看成动词，你的内心便获得了彻底自由

修炼自我同情心的顶层：把“我”看成动词，让内心彻底自由。

为了培养正面的感情，一种灵活变通的自我感是必需的。我们需要保护的“自我”越少，社会性的正面情绪，如宽容、慷慨和接受等，就越容易出现。反之，如果我们为自己确定了一种固定不变的形象，或者一种特定的思维方式，我们就需要为自己的精神生存不停地战斗。

真正智慧的人不仅能够清楚地意识到周围的一切，更能够知道自己是如何变化的。现代印度圣人尼萨格拉达塔·穆哈拉什写道：

> 爱说：“我是万物。”
> 智慧说：“我是虚无。”
> 我的生命从这两者中间流过。

如果我们做一个转变，将自己看作是一个转瞬而逝的事件，也就是把“我”看成是一个动词，而不是一个名词，我们就可以退后一步，让生命继续向前流动。于是我们努力的方向便会从改变生活的环境，转变为全心全意地去经历人生中每一个短暂的时刻。这样一来，我们的精神便彻底获得了自由。

谈到“精神”这个词，我们往往指的是生活中融合在一起的几个方面：上帝、灵魂、爱和真理。对于大多数人来说，精神练习指

的是，试图与某种理想化的超乎自然的存在建立一种亲密关系，在这个过程中，人们希望减少自己自私的欲望和个人的局限性。这是一种自上而下地接近精神的途径。也有人选择一种自下而上的方法，与日常生活中发生的奇迹和巧合亲密接触。大多数对精神有兴趣的人都会发现，在他们的生活中两种方法都是必需的：用一种超然的理想来提升自己，同时也要以平凡的现实作为立足之地。

这两种方法有一个共通的过程：更轻地看待自己。通过热爱上帝，同时对尘世生活中珍贵的、转瞬即逝的景色深深喜爱，会让“自我”慢慢流逝而去。结果就是，在这世界上我们不再有那么多的“自我”需要去保护和提升。这样对自己和他人来说，都是一件非常值得欣慰的事情。从精神上关心自己，背后的原理是，投入到我们的价值观中——停止对“自我”的沉迷。

有人会认为，关心自己违背了他们的宗教信仰。大多数宗教传统都会强调同情他人的重要性：“像爱自己那样，爱你的邻居。”但是，即使是说这句话的人，也在周围变得过于拥挤时逃到山里去了。

一个不爱自己的人，一个没有自我同情心的人，不可能去同情他人。佛陀曾言道：

神游十方，唯我独尊
天下生灵，最重己身
爱己身者，不伤它生

实际上，爱护自己往往能够作为范例，让我们明白该如何去关爱他人。它是一种标准：“同样，当男人爱他的妻子，如同爱自己的身体那样。那爱自己妻子的丈夫，也会爱自己。”

但是，现在的人往往对自己怀有很矛盾的感情，所以不能再假设我们是爱自己的。这本书就是为了填补这一缺陷。要想知道什么是毫无保留的爱，我们只需要体会自己面对心爱的宠物和天真无邪的孩子时，所自然流露出的感情。追踪这种感情可以教会我们更好地爱自己。一旦我们重新学会爱自己，我们就可以更好地推及他人。

从精神上关心自己往往需要花时间去培养我们真正重视的那些价值。如果你没有注意培养自己的价值观，就会不自觉地接受我们的消费文化：追求享乐，崇拜物质。你有没有经常与那些跟你有共同信仰的人见面？如果你喜欢跟大自然亲密接触，你有没有每周到野外活动一次？你的宗教活动是否真的能够滋养你，或者你做这些只是出于义务？你有没有学着更加善意和放松地培养与自身和他人的关系？

就像一位父亲或者母亲想要照料到孩子生活的方方面面一样——身体、心理、情感、关系以及精神——我们可以针对自己培养这些技巧。如果你没有得到过这种照顾，或者你曾经学会了这些技巧，但是在你长大之后已经抛弃掉了，现在你可以学习这些了。做到了这些，我相信你一定可以成为一名心灵超人。

The Mindful
Path to Self-
Compassion

第二部分

02 自我同情消除了对抗，平静的内心便会产生出强大的慈爱的力量

第6章

内心有了慈爱，你才能真正变得强大起来

我对种子深深信任。如果你让我相信你拥有一颗慈爱的种子，我就会期待奇迹。

——亨利·梭罗，自然主义作家

自我同情就像一颗种子，如果你将它播种在心田，总有一天，在长满自我责备、自我怀疑和自我隔离的杂草之中，你会看到一株慈爱的幼苗。随着这株幼苗渐渐长大，那些杂草也就慢慢消失了。

一个人拥有的慈爱越多，他的内心就会越强大。

为什么耶稣能够忍受被钉在十字架上的痛苦？为什么他面对死亡一点儿也不恐惧？他的内心为何如此强大？这一切的原因都在于，他的心中充满了慈爱。他不仅爱自己所爱的人，而且也爱自己的敌人。当他被钉在十字架上鲜血长流时，他大声喊道的却是："上帝呀，请宽恕这些把我钉在十字架上的人吧，他们是无知

的！”对于自己的敌人，耶稣都能够以慈爱来对待，没有丝毫的憎恨，可见他心中的慈爱是何等的深厚。而正是这种慈爱，使他的内心强大无比，能够承受别人承受不了的痛苦。

如果我们去掉心灵超人那些宗教的外衣，就会发现，不管是西方的耶稣，还是东方的佛陀，他们都是人，但所不同的是，他们的心中都拥有一般人难以企及的慈爱。

恐惧是一种最可怕的情感，慈爱是它唯一的解药

慈爱一词最早出于佛陀之口，它的意思是：“对生灵万物，无私无我，包容一切的爱。”人如何才能获得慈爱呢？佛陀说，冥想可以让人觉醒，同情可以消除纠结，一旦内心淡定之后，慈爱就会像春回大地一样，充满心田。一个人心中只要有了慈爱，他的内心就会变得强大起来，足以去承受一切恐惧和痛苦。

一群害怕在森林中生活的僧人问佛陀：“如何才能克服我们心中的恐惧呢？”佛陀的回答是慈爱。他在布道中说：

> “愿一个人的慈爱之心充盈世界，遍布四方；从上至下，古往今来，无所阻碍，毫无憎恨，亦无敌意。
>
> 无论一个人是站，是走，是坐，是躺，只要他醒着，就应该用冥想来唤醒自我，唤醒慈爱。这才是智者所言，最高尚的人生。”

在佛陀看来，慈爱是化解恐惧的唯一解药。

牢记“佛陀是人，而不是神明”，对我们非常有益。当有人问佛陀是否是神明时，他简洁地答道，他只是一位醒觉者。而且“佛陀”梵文的本意就是“醒觉”。佛陀在公元前563年出生时是一位王子，但是在他29岁时却从自己舒适的家中出走，想要去发现战胜痛苦的方法，特别是因病痛、衰老和死亡而引起的苦难。六年之后，当他端坐在一棵树下冥想时，突然间“顿悟”了——他发现了我们是如何在自己的心中创造出痛苦的，以及我们应该怎样去消除它。在他生命中剩下的45年里，他一直在教化别人。如果你去读佛教最古老的经文，就会注意到佛陀更像是一个心理学家，而不是一个宗教领袖。他展示了详尽的思维地图；他的方法建立在客观真实的内在观察之上；他的言语背后的动机是减轻情绪痛苦。这解释了为什么现代心理学会对2500多年前佛陀的顿悟有着如此浓厚的兴趣。

当我们深陷痛苦之中，不妨自己拥抱自己

自我觉醒，即是对此时此刻所发生的事情保持一种觉知的状态。

当我们心烦意乱时，往往处于“自我混沌”的状态，这时我们的心神被自己负面的情绪所占据，根本无法觉知到自己正处于不适之中，或者无法觉知到是哪种感觉正在使自己痛苦。比如，我们对某人很生气，这种情绪萦绕心头，我们便无法对自己的感受保持一种觉知的状态。所谓自我觉醒，就是让自我与自我的情绪保持一定的距离，以旁观者的心态来见证自己的情绪，这样我们就能觉知到自己正在痛苦、正在悲伤和正在羞愧等。一旦我们

觉知到痛苦，并且对其敞开怀抱，关怀和同情就会油然而生。

让自己在痛苦之中保持开放的状态，不抗拒，不逃避，也不沉迷，的确不是一件容易的事。正如你在前面读到的，自我觉醒的方法可以帮助你。我们可以将一种烦扰的情绪解构为即时即地的身体体验（这次抽动，那次心脏猛烈地跳动，等等），或者我们可以标注这种情绪（愤怒、恐惧等）。我们还可以通过引导我们的知觉——进入身体或者引出身体，来调节情绪的强度。但是，在我们生活中极端艰难的时期，自我觉醒技巧可能也无法达到应有的目的。当我们裂成碎片时，需要被重新组装起来。慈爱的目的正是如此，特别是当这种练习被应用到每天的生活中时。

冥想产生慈爱。慈爱冥想利用了“联系”的力量，而自我觉醒冥想主要利用的是“注意力”。它们都能改变我们与生活中发生的事情相处的方式——它们都是“关系性的”练习，但是慈爱更明确地关注在痛苦中的“人”。当我们经历强烈的痛苦时，会感觉特别想被别人拥抱或接纳。这里的“别人”可以是一个真实的人，也可以是有同情心的另一半自我。自己拥抱自己，效果会更明显。如果我们激起自己内心的热情和关爱，我们就可以常常通过对自己谈话，让自己渡过艰难的时刻。慈爱冥想教会我们如何成为自己更好的朋友。

无论是自我觉醒还是慈爱的全意练习者，都会进入一种相似的思维状态——“关爱觉知”或“觉知同情”。禅宗中有一句格言：“关怀是觉知的果实，觉知是关怀的根基。”电影《窃听风暴》说明，当我们认真地去关注某一个人时，关怀就会产生。在这部出色的作品中，一位东德秘密探员携带监听设备，接连数日隐藏在阁楼中监听目标，最终却发现自己对敌人产生了同情。这就是细心关注的代价。你有没有好奇过，心理医生如何能够一整天都在倾听别人的问题，却完全不会被其压垮？因为全神贯注地去关注一个人，经过一段时间，慈爱和同情的能量就会悄悄出现。

慈爱冥想是单焦点冥想的一种变化形式。如同你马上会看到的，我们使用词句代替呼吸，以此作为注意力的锚。每当思维从这词句上游离开来，我们注意一下是什么将思维带走，然后再返回来。如果你进行集中的慈爱冥想练习，你还会对自己的阴暗面了解得更多：嫉妒、憎恨、恐惧和自我责备等等。如果情绪变得太过强烈，你可以毫无障碍地转回到自己的呼吸上，将其作为自己的锚。

有人将慈爱冥想作为自我觉醒冥想的“书签”，他们用关怀和同情的词句来进入和结束自己的冥想。这能够帮助自我觉醒练习者更加爱惜自己——少一点儿抗争，多一点儿快乐。而对于那些最初开始练习的是慈爱冥想的人，则可以从自己的呼吸和身体进入冥想，因为这样能稳固你的注意力，并且让你的思维镇静。然后再转移到慈爱冥想上。你很可能会自己发现，慈爱训练和自我觉醒训练能够多么完美地互相补充。

下面是本章中的唯一一项练习。请腾出一定的时间来进行这次练习。先通读一遍说明，然后放下书，闭上眼睛，试着做一下。它会让本章剩下的部分更有意义。

试着做：自己拥抱自己

请腾出 20 分钟的时间，来给自己慈爱的关注。找一个舒适的位置坐下，适当地挺直而放松。闭上眼睛，将注意力集中在身体的胸腔部位。现在，缓缓地、放松地从心底深呼吸三次。

★ 在脑中想象自己坐着的形象。注意一下自己在座位上的姿势，就像从身体外观察自己一样。一边坐着，一边感知身体中的感觉。

★ 提醒自己，每一个生命都希望平静、快乐地生活。唤起那个深沉的愿望："正如所有的生命都希望幸福，希望远离痛苦，也祝愿自己幸福，远离痛苦。"让自己去感觉这个关爱的意愿中包含的温暖。

★ 现在，在脑中保持自己坐在座位中的影像，感知自己心中的美好意愿，默默地、缓缓地重复下面的格言：

愿我平安。

愿我幸福。

愿我健康。

愿我舒适安闲。

★ 让每一个句子充分展现它传达的意思。如果需要，可以重复一个句子几次，使其更加明确。你也可以仅仅重复每句格言中的一个词语——"平安……平安……平安"——来体会其中的意思。

★ 慢慢来。让自己在脑海中始终能看见自己的影像，享受自己关爱的心灵，品味这些词句的意思。当你注意到自己的思维又游荡出去（片刻之后往往会这样），只要重新回来重复这些格言。如果这些句子意义不再那么明晰，在脑海中重新凝聚自己在座位上的形象，并重复这些格言。如果自己坐着的影像和这些词句都开始变得模糊不清，将手放在自己的胸腔上，并且重新回想起用慈爱将自己填满的意愿："正如所有的生命都希望幸福，希望远离痛苦，也祝愿自己幸福，远离痛苦。"然后重新回到这些格言上。每次你感觉自己走神了，只要重新回到这些格言上就好。

★ 轻松地进行这项练习。不要过于费力。慈爱是这世界上最自然的事情。走神总是会出现，每次你注意到时，不要管它们，只要重新回到这些格言上、回到关爱自己的任务上就好。就像跟一位情绪低落的亲密好友坐在一起一样，你也许并不能让你的朋友好起来，但是你能给他应有的关怀。

★ 现在，慢慢睁开你的眼睛。

慈爱练习不会直接改变我们的感情，但是它能帮助我们用一种温柔的方式拥抱自己，让情绪自然发生变化。你还记不记得本书开头米歇尔的故事？她最大的问题是企图把自己害羞的毛病在别人面前隐藏起来，结果越描越黑，使自己痛苦不堪。慈爱冥想在米歇尔的康复中起了重要作用。通过首先给予自己同情，米歇尔放下了抑制自己脸红的意图。最后，当她接受自己是一个害羞的人，开始自己拥抱自己后，她害羞的情绪自然而然也就消失了。

在进行慈爱冥想时，可以试着放弃对自己应当感觉如何的预期。如果在慈爱冥想中，你因感觉不到愉悦而失望，请对自己施以关怀，因为你正处于沮丧之中："愿我平安、幸福、健康和快乐。"如果你将注意力从自己要达到的目标上转移开来，聚焦在自己的负面感觉上，伴随每一个关怀的词语，你种下一粒粒种子，在适当的时间，它就会生根发芽，成长为某种愉悦的感情。

四句充满慈爱的语言，可以撬动你的心灵

语言有时可以比行动更有力。断裂的骨头可以在几个月内痊愈，但是尖刻的语言却可能带来一生都无法愈合的创伤。我们听到的语言中实际上有一大半来自我们的内心。即使你通常不是一个健谈的人，你的思维也在一直喋喋不休。如果你对自己说一些苛刻的话："你真是一无是处的垃圾。"你一定会感觉痛苦。如果你对自己说一些热心的话："你做得真好！"你无疑会感觉快乐。语言决定我们的体验。这就是我们将语言作为慈爱冥想中注意力焦点的根本原因。

愿我平安。
愿我幸福。
愿我健康。
愿我舒适安闲。

这四句慈爱格言表达出了我们对日常生活的关怀。例如，如果你陷入危险之中，你希望能够平安；如果你情绪低落，你希望能够幸福；如果你身体发生病痛，你希望能够健康；如果你感觉

到了生活的痛苦，你希望能够舒适安闲。

但是，这些格言既不是毫无遗漏，也不是金科玉律。随着你对慈爱冥想理解得越来越透彻，你也可以制定自己的慈爱格言。下面是一些示例：

> 愿我喜欢原原本本的自己。
>
> 愿我得到真正的快乐。
>
> 愿我在这变幻无常的世界找到平静。
>
> 愿我的快乐不断增长。
>
> 愿我拥有幸福。
>
> 愿我平静地生活，没有过多依恋，亦没有过多嫌厌。
>
> 愿我远离悲伤。
>
> 愿我远离病痛。
>
> 愿我能轻松地照顾好自己。
>
> 愿我能爱，亦能被爱。
>
> 亲爱的，愿你能幸福、满足。

我们的目的是找到能够唤起你内心温柔、热烈的感情的词汇，可以是高尚的、诗意的，也可以是世俗的。最好是这些格言比较简单，易于重复。

在一次反抗暴政的聚会中，佛教僧侣们曾聚集起来，一起咏唱：

> 愿我彻底远离所有危险。

愿我彻底远离所有悲痛。

愿我彻底远离贫穷。

愿我心灵和思想都平静。

慈爱格言让心灵趋于平静和健康，不受世间恶劣环境的影响。

你可以为自己生活中每天面临的不同挑战，合理制定格言。例如，当你陷入羞愧之中，可以不断重复：“愿我接受原原本本的自己。”如果你感觉到愤怒，尝试一下：“愿我平安，远离愤怒。”记住，不要让自己的愿望过于具体化，比如“愿我进入理想的大学！”因为慈爱是内心的一种倾向，而不是去尝试通过思维对环境进行操控。

在你进行正式的冥想练习时——当你特意坐下来培养慈爱的时候，试着反复使用同一种慈爱格言。慈爱冥想是一种单焦点注意的练习，仅仅通过重复就能够让思维平静下来。如果你滑入了一种“关爱专注”的状态，你可能会发现新的慈爱格言会像小溪一样从你脑海中流过。这是一种绝妙的体验，但是当你返回到平常的心境时，请使用你常用的格言。

除了能够集中我们的注意力，慈爱冥想还有默祷的成分。默祷冥想是一种探索某个概念更深层含义的方法，比如，从经文中读一段文字，然后在思维中反复咀嚼，直到隐藏其中的深层含义显露出来。精心选择的慈爱格言也会像这样起作用，当我们一遍又一遍地反复思考同样的语句，我们会对其含义获得一种直接的、源于内心深处的感触。这是需要时间的，而我们可能在很长一段时间内都看不到任何东西——就像在春天等待郁金香的花开，但是它值得我们这样等待。

在冥想中，当慈爱格言和它们的内涵融合在一起时，一股愉悦感会悄无声息地到来。你可能会在一天中某个不期然的时刻发现它的来临，你会发现自己在想："哦，这就是快乐！"在进行心理治疗的时候，或许一滴眼泪会从脸颊滑下，这时我会标注："哦，这是同情。"这里面包含的既不是骄傲，也不是窘迫——仅仅是这种简单的体验本身。慈爱格言会逐渐和这种体验一起到来。

运用慈爱格言时，最重要的是体会这些格言背后的心态，而不要陷入语言的泥沼中。请坚持自己最核心的动机——想要幸福，远离痛苦。我们的内心越靠近慈爱，我们的大脑就越容易培养应有的习惯。

人在走投无路时，才知道什么是真谛

当你进行慈爱冥想时，可能会很难将注意力集中在自己身上。这或许是由思维的随处漫游引起的，但更可能的原因是对这个过程的矛盾心理。我们大部分人都会发现，向自己施与关爱是一件奇怪或者困难的事情。

对此，我自己就有亲身体会。记得经过几年的练习之后，在我将慈爱指向自己时，还会偶尔感觉内疚，觉得自己是不是太以自我为中心了。这种感觉源自我们的童年和文化背景。但是，我知道指向自我的慈爱能够让我成为一个更好的人，所以我提醒自己："给你自己所需的慈爱，然后，你就会把更多的慈爱给予他人！"公元5世纪，佛家僧人觉音大师在《清净道论》中也写道："正如我渴望快乐，畏惧痛苦，正如我渴望生活，畏惧死亡，其他生灵亦是如此。”

不关爱自己的人，也不会去关爱他人。

“像爱自己那样爱自己的邻居。”慈爱并不是这个过程的结束，而是开始。关心他人所带来的快乐最终会比关心自己更加深刻，更加持久，因为它将我们从一种狭隘“自我”观念中解放出来。关爱别人的机会要广阔得多！但是，当我们遭受伤痛的时候，必须知道如何关爱自己。

很难关心自己的另外一个原因是，我们觉得自己不配拥有它。认为自己毫无价值的感觉潜伏在几乎每个人心中，甚至包括慈爱冥想教练。羞愧是人们心中普遍存在的情绪。

然而，最难给予自己关爱的时候，却恰恰是当我们最需要它的时候。

我们应该如何利用慈爱冥想来照料自己？下面是几项建议。

唯有痛苦时，我们才能听进真谛

伤痛是有好处的。当我们向伤痛敞开怀抱时，同情就像依山而下的水流。在我们感觉无比糟糕时，慈爱格言有一种抚慰我们心灵的神奇能力。许多人在心情良好时，会抱怨他们的慈爱练习“过于感情外露”，或者认为“只不过是些词句而已”，但是当他们心情糟糕时，慈爱格言却能给他们带来深沉的安慰。慈爱冥想经常被当作一位理所当然的配偶，直到危机来临，你才能感觉到他的重要。请自己去探索在你开心和不开心时，慈爱冥想会有怎样不同的感觉。

伤痛比你想象的更容易到来。不管是有意还是无意，你的身体从早到晚都在积累压力。压力通常会给我们的身体和精神带来巨大破坏，缩短我们的生命，并且让我们的生活变得更加困难，但很多时候我们并不会意识到它的存在。这时正是需要自我觉醒的时候：在你进行慈爱冥想之前，对你的身体快速扫描一遍，确认有没有绷紧的地方。同样，检查一下自己的情绪："我现在感觉如何？"首先确认身体和思维中可能存在的任何不适，然后再开始练习。

一种常见的错误是，试图利用慈爱冥想将伤痛赶走。通往缓解的第一步应该是感知到伤痛，并向它敞开怀抱。这样，当你在此刻感觉到情绪伤痛时（"好痛苦！"），会出现一种深沉的、有同情心的反应："哦，上帝，祝福我远离痛苦！"反之，如果你从一开始就与伤痛展开战斗，你会发现自己一直在急迫地要求："停下，停下，停下！请让这种痛苦停下！"与伤痛对抗，你永远不会成功。

对练习要有耐心。有一个犹太故事，能够说明这些练习是如何起作用的：

> 一位信徒问导师："为什么《律法》（圣经旧约，前五卷）教导我们要'将这些话放在心上'？为什么不让我们将这些神圣的言词放在心里？"
>
> 导师答道："这是因为，我们的心原本是关闭着的，我们无法将这些神圣的言词放进自己心里。所以自己只是将它们放在心上。它们就这样停在那里，直到有一天，我们的心碎了，这些话就掉了进来。"

当我们将心灵打开，伤痛就会变成我们的同伴。

慈爱能够强化你的正面能力

我们会自然而然地被优秀品质所吸引。例如，最能吸引我们的历史人物是那些有道德影响力的人，而不是那些军事人物或政治人物。类似地，如果我们认为自己具有某些良好的品质，我们就会喜欢与自己待在一起。如果我们对自己有不满，我们的思维就会踉踉跄跄地四处寻觅，寻觅那些能够将注意力吸引开的事情，从而逃避自我形象给我们带来的内在压力。在开始冥想时，提醒一下自己你所具有的一两项优秀品质：忠于家庭、认真负责、对小动物有爱心，或者有幽默感等等。你会觉得自己更值得去关心。

值得注意的是，慈爱能够强化你的正面能力。

北卡罗来纳大学的弗雷德里克森教授曾做过一个研究发现：慈爱冥想不仅能显著增强人的正面情绪，例如，爱、快乐、感激、希望、有趣和崇敬等，还能明显提升人的能力，比如自我觉醒和解决问题的能力，享受未来和掌控环境的能力，自我接受和获取社会性支持的能力，处理与他人的关系和获得身体健康的能力，等等。这些个人能力的强化能够带来对生活的满意感，并减少抑郁的症状。

爱他人，就是爱自己

我认识一位女性，她甚至愿意将自己的生命献给心爱的小狗，但是她的小狗却几乎不能自己吃东西。于是她开始为她的小狗进行慈爱冥想："愿琴格幸福、满足。"之后她把自己塞进了这样的想法中："愿琴格和我幸福、满足。"渐渐地，她开始说："愿我们幸福……"到最后，变成"愿我……"有时候我们需要带着关怀一步步慢慢接近自己。

对他人的同情也可以让我们对自己产生同情的情绪。冥想一个你喜欢的，与你有类似痛苦的人。然后逐渐在慈爱格言中将自己一步步包容进去："愿比尔平安，远离伤害……""愿比尔和我平安……""愿我们……""愿我……"你还可以从一个你喜爱的人开始，比如一个孩子，回忆起当这个人生病或者痛苦时你是怎样的感觉。在心中保持这种自然的同情，然后将你自己融入到同情的对象之中。

还有一种激发柔情心态的方法，是将自己想象成一个小孩子的形象，可以通过一张旧照片等。一个惹人喜欢的形象可以激发出一种关爱的心境。你可以将自己小时候的一张照片放在桌子上，放在那里几个星期，让自己能时不时地注意到它，然后在你做好准备时将它融入到你的冥想中。我曾经有一位接受心理治疗的病人，一直无法找出内心的自我同情，后来终于通过自己小时候孤单的样子将其激发出来。

对有些人来说，如果从抽象的事物开始，自我关怀会更容易出现："愿所有生命都幸福。"然后我们可以将自己包含进去："愿我与所有生命都幸福。"你也可以通过使用自己的名字，从一个更远一点的情感距离开始：用"愿比尔快乐、安宁"，来代替"愿我平静、安宁"。

如果你在与他人的关系上有过创伤，对人怀有一种很矛盾的感情，那么你可以从大自然中自己喜爱的某种事物开始冥想，比如一棵树或者大海等等，比如"愿这棵小树健康、茁壮"。然后逐渐过渡到一只宠物上，如"愿琴格健康、强壮"，并最终转移到自己，如"愿我……"。主要原则是：可以联想任何能够让你嘴角浮现出笑容的人或者事物，然后从它开始。首先跟随你的内心，然后将自己带入关注的中心。

你所形成的心态比你慈爱的对象更重要。你的大脑最喜欢重复每时每刻它所体验到的任何事情。如果你感觉到压力，你会学到压力；如果你感觉到关怀，你会学到关怀。其余的都是细节。

从三个方面培养你心中的慈爱

慈爱练习在技术层面包括三个组成部分：语言、感情和形象。“形象”赋予我们一个目标，“语言”激发我们最深层的愿望，而“感情”则是源于内心深处的先于语言的触动。

进行慈爱练习时，对文字敏感的人在语言方面会比较容易，感性的人比较容易领会感情的部分，而视觉型的人则容易在脑中唤起形象。了解自己的喜好会对我们有所帮助。例如，我就是一个视觉型的人，很容易在头脑中抓住某种形象。当我在冥想中唤起自己的形象时，语言的含义会得到深化，感情会变得更强烈。当我们强化自己擅长的部分时，这种练习会变得更有效。

理想的情况下，我们想要让慈爱冥想的三个组成部分协调运作：语言、感情和形象。当你在不同部分之间转换时，可以给你的练习注入新的活力。例如，当语言变得意义模糊时，通过将焦点转移到形象上可以重新唤起你的目标。如果感情变得干枯，可以去探索语言的含义——慢慢重复它们，并仔细品味。不断从感情转移到语言，再回到感情，来回往复，并且偶尔让自己回想一下你的形象。请在冥想中发挥你的创造力。我们的核心目标是尽可能多地激发出慈爱的心态。

语 言

这些慈爱格言应该以一种能够反映你关爱意图的语气说出来——轻柔、温和。赋予格言一种烛光的感觉。在日常的非正式练习中，你可以将这些格言大声地说出来，吟诵它们，或者用一种自己喜欢的旋律唱出来。但是一定要注意，提高自己的声音是为了拥抱生活中发生的一切，而不是赶走所有的负面感情。

将这些格言慢慢地说出来，让每一句都在脑海里激荡回响。你不可能匆匆忙忙地读完一首诗，还试图让它在你心中唤醒什么。在慈爱冥想中给自己时间仔细品味自己所说的字句。不要试图完成什么事情——除了给予自己关爱以外。

当你深入到冥想之中时，可能会发现你之前选择的整句格言过于笨重累赘。你可以将它们简化为几个关键性词语，比如，“平安”“宁静”“健康”“舒适安闲”，或者直接简化为一个词语，不断重复，像“关爱，关爱，关爱”。利用你的直觉，找出对自己最有效的词汇，愉悦的、易于重复的、更合适的那些词汇。

在某个时刻，这些格言会变得空洞、呆板。注意力的任何目标都会如此：在经过充分重复之后，就会失去对它的掌控。但这并不意味着这些词汇一定要更换。你可以向这项练习的愿望一侧靠拢，而不是情感一侧。你的核心动机是这项练习的能量中心。提醒自己为什么要冥想：想要快乐，远离痛苦。将自己看作万千生命中的一员，都想要一种满足、舒适的生活。然后把针对你个人的慈爱格言——“愿我平安”等——融入到这灵感的源泉之中。

感 情

感情指的是慈爱中可感觉的触动。有时关爱的意愿会伴随温暖的情感一同到来，有时则不会。愿望并不是感情，而且我们的感情远远不像愿望那样容易预料。我们可以随时求助于想要幸福的愿望，但是相应的感情却可能少之又少。

当关爱的感情到来时，可以被用来强化我们的核心动机。每当它们出现时，仔细品味这些感情——在它们上面徘徊逗留。当你感觉到关爱的感情时，语言不再相关，正所谓得鱼忘筌，得意忘形。但是，当感情消退以后，可以再重新回到语言上。温暖的感情就像美味的饭菜，当你可以享用的时候，为什么要拒绝呢?

感性的人会比理性的人更擅长品味感情。你对自己的身体感知越强，就越能享受正面感情。你已经学会了感知自己身体和情绪的一系列练习，特别是“对身体感觉的自我觉醒”和“对身体中情绪的自我觉醒”。这些练习可以帮助理性的人，培养他们感性的一面。

一些冥想初学者仅仅通过去考虑一下同情的情绪，就能获得它们，但这是十分罕见的。通常情况下，我们需要为这些感情的产生准备必要的条件。例如，当你想起某个心爱的人时，慈爱就会涌出；当你想起某个处于痛苦之中的心爱之人时，同情就会涌出。慈爱练习的情感层面包含一点儿“体验”的元素：我们进入当下的现实，然后让格言和形象影响我们。你练习得越多，慈爱和同情的感情就越容易出现。经过几千几万小时以后，它们就会像天赐恩典一样永远跟随你。

你还可以尝试下面的简单方法，让自己更容易接受关爱的感情：

* 在冥想之前播放关爱的歌曲。
* 在一个令人愉悦的地方练习。

* 让自己身体舒适。
* 放松你的身体。
* 让你的唇边眼角浮现出微微笑意。
* 在愉悦的心情中想象自己的形象。
* 让一只宠物待在自己的腿上。
* 将手放在心上。
* 从内心说出你的格言。

这些微小的调整能够使你的冥想过程变得温暖、友好。再一次说明，请不要去期待关爱的感情。我们只是为它们创造条件，让它们自然到来。

形　象

你将注意力集中在什么样的人身上，决定着你在冥想过程中是否会产生慈爱。

作为给予自己关爱的序曲，你需要从能够让你微笑（培养友善），或者让你心生柔情（培养同情）的人开始。选择一种简单、愉悦、单纯的人际关系。如果你跟这个人涉及到两性关系，隐藏的依恋可能会显露出来，并且扰乱你的注意。如果这个人已经过世，因失去而带来的痛苦可能会悄悄爬进来。因此要确认这个人的形象不会给你带来过多的矛盾情绪。

你心里的形象越清晰，出现的感情就会越强烈。

当你创造一个自己的形象时，在你脑海中用眼睛观察自己现在的姿势，并且感知你的身体。你也可以睁开眼睛，观察你的身体，但仅仅是在不会引起自我责备的前提下。在心里注意一下自己的面部表情，并且提醒一下自己你的优秀品质。充分认识自己。如果你想微笑的时候，可以微笑。如果你注意的是另外一个人，花一点时间用你全部的精神去感知这个人的情态。一旦你获得了一个良好的、清晰的形象，它会一直在你脑海中回荡，徘徊不去。

这个世界上，最难在慈爱觉知中抓住的人往往是你自己。长期隐藏的念头和感情可能会突然袭击我们。比如，你曾因打骂弟弟而感到内疚，或者因婚姻中的一次不忠而羞愧。记住，即使在我们讨厌自己的时候，也要去处理我们所面对的问题。我们想象自己的形象，并重复关怀的愿望，然后品味那些格言唤起的所有正面感情，再重新集中到自己的形象上，重新重复那些格言，在必要的时候可以转移到某个容易集中的人身上，然后再返回到自己，如此往复。最终，我们将学会不管在何种艰难的情况下都能将慈爱给予自己。通过一次次重新唤起美好意愿，我们会发现在所有烦扰的想法、感情和语言的背后，都隐藏着绵绵不绝的善意。正如一个谚语所说，每一位圣人都有过去，每一个罪人都有未来。

一把锤子敲不开一朵莲花

当火焰经过一段时间的燃烧已经氧气匮乏时，如果新鲜空气通过打开的门窗突然进入，就会有爆炸发生。消防员将这种现象称为“回燃”。当我们练习慈爱时，可能会发生一种类似的效应。如果在我们开始练习时，内心正被痛苦灼烧得火热——自我憎恨、自我怀疑，这时同情的语言就会打开我们的心门，引发痛苦的感情剧烈爆发。这些感情并不是由慈爱练习创造出来的；当它们从门口冲出时，我们只能去识别并感知它们。这是治疗过程的一部分。

这种现象十分普遍，我的一些病人和其他人曾经用不同的比喻来描述它：

* “慈爱就像将冷水浇在滚烫的煎锅上。水发出嘶嘶的响声，在煎锅上四处打转。慈爱是一件好事，但认识到它是一件好事是需要时间的。”
* “‘愿我幸福’是一个雷区！”
* “关爱的光芒把‘我不值得被爱，我太放纵自己’的念头照了出来。”
* “关爱是一把双刃剑，它把当下的痛苦切掉了，但是也切进了过去的痛苦之中！”

当心理医生医治那些感觉自己一无是处、处于羞愧之中的人们时，会强烈地感知到这样一个过程：面对一位正在与自卑作斗争的病人，如果心理医生说一些关爱或者赞赏的话，比如“你用这种方式挑战自己的父亲实在是太勇敢了”，这位病人可能会感觉是在被嘲笑或者被可怜。这并不是因为心理医生不够真诚，而是因为关怀的话语带来了过去的负面信息，比如“你只是个胆小鬼！”这就是“回燃”。

我们认识任何事物都要以其他事物作为对照。例如，我们知道自己的脚趾是软的，是因为石头是硬的。有些人心里对自己的看法全是负面的，当他们听到关爱的话语时，反而会让那些负面的念头猛烈地爆发出来。因为这些念头已经在他们内心积压得如此强烈，而且似乎比几句关怀的话语更可信。在这种情形下，一句善意的评论很容易被错误地解读为故意中伤。

当这种情况发生在冥想之中时，我们甚至会对自己的真诚产生怀疑。

当我们在慈爱冥想中对自己施以善意时，需要处理好可能会引爆出来的潜在感情。我们之中有人可能会从根本上感觉到羞愧、孤独、被遗弃、疏离和空虚。当我们进行慈爱练习时，这些来自童年时代的核心信念一定会显露出来。我们应该如何有技巧地应对这些过去的创伤和感情?

第一条原则是，预料到负面感情的出现。

如果你可以维持自己的心绪平静，出现的任何感情就都不会成为练习的障碍。当难过或者悲痛出现时，你会马上意识到自己正在经历痛苦，并且通过你一直在使用的格言对自己施以善意。尽量不要被以前的故事情节吸引进去。请关怀自己，因为你正处于伤痛之中。不要试图去将负面感情推开。将注意力集中在自己身上，而不是这些感情上。慈爱教你的是要对自己有同情心，每一刻都是练习的机会，无论你正在经历什么样的感情。

第二条原则是，维持平衡。

如果在慈爱练习中你发现涌出的感情过于强烈，那么就不需要让自己变得更加热情。很多人都会落入一个陷阱，这就是用增强慈爱来对抗强烈的痛苦。其实，这是战斗，不是慈爱，而且只会让你感觉更糟糕。或许你应该后退一步，以一种不同的方式来给予自己关怀，比如跟朋友们一起吃饭，或者到海边旅行一下。如果你开始感觉到情绪麻木，这是一个确定的信号，表明你应该退后一步，换一种向自己施与善意的方式。

第三条原则是，使用自我觉醒。

当那些格言带来过多感情时，你可以随时转换到自己的呼吸或者其他锚（声音、触觉等）上。但是，一定要记住，用慈爱去填满你的自我觉醒练习。尝试着标注这些情绪："啊，这是嫉妒""哦，窘迫""哦，愤怒"。如果你仔细品味这些感情，紧紧贴在它们身后的某种感情可能会释放出来，比如内疚之后的愤怒，或者愤怒之后的恐惧。当标注也不足以掌控时，找出你身体中能够感觉到这种情绪的位置，可能是你的腹部、胸腔或者喉咙，并且描述出这种感情的色调，然后给予自己更多的慈爱。

如果一种核心信念出现在冥想中，你也可以对其进行标注："离弃""怀疑""无能"或者"缺陷"。用一种轻柔、温和的语调说出这些标注。这时你在自己的各种体验之中稳稳坐定，就像禅宗的一个比喻——熊熊烈焰之中安然绽放的莲华。陈旧的记忆也可能因为自我觉醒而自己冒出来。例如，你是一位完美主义者，你可能会回想起第一次听到"永远都不够好"时的情形。如果你总是习惯性地生气，你可能会发现自己在想一个人，这个人曾经告诉你，每个人都必须为自己犯下的错误而受到惩罚。如果你总是害怕没人照顾，你就会回忆起那个曾经溺爱你的人。当这些事情出现的时候，简单地标记一下，然后返回到自己内心的锚上。

总而言之，看一下能否按照自己的意愿处理好"回燃"，可以用任何分散注意的方法：轻柔、温和地标注一下正在发生的事情，然后返回到你的格言上。但是，请不要过分努力去清除自己的瑕疵，因为这会让你更痛苦。正如一位哲人曾经说过："小心照顾你的感受——不能用一把锤子敲开一朵花。"

内心淡定了，慈爱之花就会从里面绽放

慈爱冥想和祈祷之间有许多相似之处。当我问自己的一位病人，他的慈爱练习进展如何时，他回答说："这很简单，就像祈祷一样。"还有人问我："当我企盼幸福，远离痛苦时，能否向上帝祈祷？"答案是："当然可以！"能够培养关爱意图的任何事情都是慈爱练习。但是，这里有一个陷阱。

我认识一位患有肝炎的女性，保拉。她常常祈祷，希望能减轻自己的病痛。但是后来她告诉我："我得到的只有失望，所以我再也不祈祷了。"最终她发现了慈爱冥想，并且满腔热情地喜欢上了它，主要原因是她在冥想时既能够感觉到祈祷中的关爱，却又不会陷入期待生活发生改变的困境之中。慈爱教会了她放弃——放弃努力必有结果的念想。传统的祈祷可以分为两类：一是放弃，如"愿上帝的意愿实现"；二是希望获得结果，如"请您治好我的疾病"。慈爱冥想帮助保拉看清，她可以只抱有某种愿望，如"敬爱的主，愿我……"，而不提出什么要求，如"……治好我的肝炎！"放弃型的祈祷假设我们并不知道对自己而言最好的是什么，或者事情应该变成怎样；这种祈祷是内心的一种意愿，而不是努力去控制或者操纵某个结果。换句话说，我们是在接受自己

的境况，并且抱有一点小小的愿望。

慈爱冥想是一种世俗的祈祷，它对有神论者和无神论者都是一个平等的机会，可以通过接近他们内心最深处的愿望培养一种无条件的关爱。用诗人戈尔韦·金奈尔的话来说："花蕾代表着一切……因为所有的事物都是通过向自己祈祷，从内部开出花朵。"除了自己以外，花蕾不需要向谁祈求就能开出花朵；开花是花蕾的本性。当我们最深层的本性经过善意和慈爱的浇灌之后，也会绽放出美丽的花朵。

不过，我们千万不能把祈祷变成了逃避。

来自威奇托州立大学的罗伯特·泽特尔和同事们想要弄明白，接受痛苦是否真的能让它变得易于忍受。在一份调查问卷中，他们将被调查者分为习惯逃避者（"我讨厌焦虑的感觉"）和非逃避者两组（"我对自己的感情毫不畏惧"）。

之后，两个小组都被要求将手放在一个盛有冷水（40 华氏度）的盆子里，持续 5 分钟。研究者测量了参与者能够将手保持在冷水中的时间。然后，让参与者填写一份调查问卷，描述他们在实验中的想法。

如同他们所预料的，非逃避者在冷水中忍耐的时间要比逃避者长得多，尽管两组参与者对痛苦的敏感程度是相同的。喜欢逃避的人会把事情灾难化，他们的感受是"这太难受了，我觉得它永远都不会变得舒服点儿"，他们祈求这痛苦快点离去。相反，那些能够坦然接受痛苦，而不祈求痛苦离去的人，却可以持续忍受更长时间的痛苦。

在无边的苦海中，慈爱是拯救你的一叶扁舟

慈爱练习主要在日常生活中进行，大多数人并不需要进行正式的慈爱冥想，就能从这项练习中受益匪浅。处于慈爱之中的每一刻都是对大脑的训练，不管你当时是何种姿势。

如果你想要进行正式的、端坐的慈爱练习，那么每天应该分配多少时间呢？通常每天早上 20 到 30 分钟的慈爱冥想就足够了，可以奠定你一整天的精神状态。也有人会发现只要 10 分钟就足够了。一般而言，两次短的端坐比一次长的（30~45 分钟）效果要好一些，因为有人发现随着端坐的时间增长，神经系统会逐渐变得不稳定，或者说，烦躁不安。请找出对自己而言效果最好的时间。

你需要记住，大脑会形成一种习惯，去做任何它做过的事情。如果你在坐垫上给自己极大的压力，大脑就会形成“坐下并承受压力”的习惯。如果你生发出慈爱的感情，大脑就会被训练去体验关爱。当我们练习慈爱冥想时，实际上，我们是在强化关爱和同情的意愿。

你可以在任何时候使用你的格言，不管是白天还是晚上。我喜欢在入睡之前和醒来之后，都将慈爱格言重复几遍。在《清净道论》古老的文字中提到，慈爱能够让人熟睡，带来美梦，而且让练习者受他人喜爱。这是很容易理解的。如果我们不带丝毫恐惧或愤怒进入睡眠，我们的睡梦一般都会十分平静；而且如果我们真诚地欣赏别人，别人就很难会不喜欢我们。

没有什么时间比你感觉特别糟糕的时候能更好地发掘自我同情。内奥米·奈的诗《关爱》最后两节写道：

在你知道关爱存在于内心最深处之前，
你必须知道悲伤亦居于彼处。
你必须怀着悲伤醒来。
你必须与它交谈，直到你的嗓音
抓住每一根悲伤的丝线，
你才会看清这布料的全貌。

这时有意义的就只剩关怀，
只有关怀帮你系上鞋带，
送你出门开始新的一天，寄出信件，买回面包，
只有关怀抬起头来，
在这世界上拥挤的人群之中对你说
我就是你一直在寻找的，
然后伴你去每一个地方，
像一个影子，也像一位朋友。

将内心向悲伤打开，就像看到一幅可怖的景象，但是同情可以变成一个忠诚的、关爱的伙伴——在艰难的时光里一个可以触及的存在。如果你注意到一处伤痛，也许是一次失败、失望或者被拒绝的体验，那么此时就可以轻轻地对自己说："愿我平安，愿我幸福，愿我康健，愿我舒适安闲。"

自我同情和自我宽恕之间存在紧密的联系。宽恕在生活中是

必不可少的，因为我们随时都会犯错误。有时候我们会陷入两难的境地，即使我们做正确的事情也有人会受到伤害。例如，一位上司必须开除一位正在削弱大家士气的员工，或者一位母亲必须停止把钱给她吸毒的儿子。当我们有意或者无意之中给别人带来痛苦时，应该如何原谅自己呢？第一步要让内心向自己的内疚保持敞开，而不是让它向愤怒或者自我辩解偏斜。然后我们从语言上或者行动上，用同情来回应自己。

你是否还记得第一章中那几个例子，关于问题是怎样由对不适的抗拒所引起的——腰背痛、失眠、婚姻冲突，以及当众讲话时的焦虑？这些普遍性的情况是练习慈爱的极好机会。慈爱冥想能够抚慰艰苦挣扎中的人，这会反过来改变我们对这种问题的适应能力。同时也会影响旁观者的看法。例如，如果我患有腰背痛，并且对自己说，“愿我平安，愿我宁静，愿我强壮，愿我安闲”，那么当我在经受一阵剧烈的刺痛时，这些给予自己的安慰将会减轻焦躁感。我们从“焦躁注意”转移到“关爱注意”，意味着进入到一条不与自己对抗的道路。

慈爱冥想能减轻腰背痛

杜克大学医学院的詹姆斯·卡森博士对慈爱冥想进行了一次试探性研究，他让患有腰背疼痛的人进行慈爱冥想，每天一次，每次 20 分钟。结果发现，慈爱冥想能够减轻他们腰背的疼痛，冥想的时间越长，结束时的疼痛水平越低。不仅如此，较长时间的冥想还能减少他们的愤怒情绪。

研究中有一位参与者，之前很容易对自己年迈虚弱的母亲发火。他报告说："现在当我进入她的房间时，我可以感觉到自己缓和了很多。"

另一位商人则说："我从来不知道在自己的内心还可以为别人腾出这么大的地方。"

如果你正在因失眠而清醒地躺在床上，担心明天会怎样，就可以针对不能入睡引起的痛苦，试着给予自己关爱。将对睡眠的注意转移到你的沮丧或者害怕上，并且反复向自己说出你的慈爱格言。失眠是对你的大脑进行自我同情训练的绝佳机会。这是在躺卧姿势下的冥想。

如果你发现自己在婚姻关系中遇到了困难，那么就深呼吸一下，然后问自己到底是什么让你如此痛苦：是因为你总是被忽视，还是因为感觉没有受到应有的尊重？要明白，得到快乐、远离痛苦是你应有的状态。你能不能说出自己正在经历的是什么情绪？就在那一刻，给予自己所需要的关爱和联系感。你可以使用慈爱格言。然后，在你感觉好一些之后，找你的配偶谈一下。

如果你在当众讲话时总是紧张焦虑，当你上台时，或者在你事先想象自己上台的情形时，将慈爱给予自己和听众："愿我们都能幸福，远离痛苦。"你的听众很可能会对你的演讲抱以同情，来回应你同情的心境！如果你任凭自己的焦虑顺其自然地发展，可能就会忘记曾经焦虑过。就像托马斯·默顿对道家圣人庄子的阐释：

那么，如果鞋子合适，
脚就会被忘记；
如果腰带合适，

肚子就会被忘记；
如果心灵舒畅，
“支持”和“反对”都会被忘记。

现在，你已经对慈爱练习有了初步的认识，为了避免不必要的困惑，我们需要看一下什么不是慈爱。它不是：

* 自私。要关爱他人的第一步是先要关爱自己。我们在自己身上发现的错误也会在别人身上发现。慈爱教会我们，当我们正在向更好的方向塑造自己的行为时，不管发生什么都要关爱自己。

* 自满。慈爱是一种意愿的力量——美好意愿，可以战胜恐惧和愤怒的本能倾向。慈爱将我们从旧习惯中解放出来，允许我们从伤痛中学习，并且有技巧地去应对。

* 正面肯定。肯定是指通过说出一些我们可能不太相信的东西来努力鼓励自己，比如“我每天都在变得更加强壮！”而慈爱不会欺骗我们。慈爱格言必须是可信的，才能顺利起到应有的效果。

* 仅仅一句念词。尽管慈爱格言也需要像念词一样不断重复，但你需要做的不仅仅是这些。除了使用注意力的力量，慈爱还利用了联系、意图和情绪。为了培养关爱的态度，我们必须要做任何需要去做的事情。

* 粉饰美化。我们并不是在试图通过学着用一种甜蜜的方式思考或说话，从而让现实生活变得不那么残

酷。相反，我们是要向最强烈的人类体验彻底敞开怀抱，包括其中的悲剧体验。这只有在我们能够用同情回应伤痛的时候才能够做到。

* 一场失意派对。向伤痛敞开怀抱并不是自我放纵。我们不会过分地沉湎于痛苦、抱怨或者哀叹。相反，通过同情痛苦的感受，可以让我们从自己生活中熟悉的故事情节中脱离出来。

* 愉悦的感情。慈爱本质上是对美好意愿的培养，而不是愉悦的感情。感情会来来去去，但是我们却有着想要快乐并远离痛苦的普遍愿望。这是我们希望的安置之所。

* 疲惫。疲惫是固执的结果——想要事情向一个固定的方向发展，排除所有其他方向。慈爱和同情会避免去控制现实，所以它更多的是一种纾解，而不是斗争。

* 要求。慈爱总是等候在愿望一侧，而不是结果一侧。随着时间推移，正面结果总是会到来，但是我们主要是在学习培养一种关怀的态度，不管什么降临到我们自己或者他人身上。对愿望坚定不移，并且不执着于特定的结果，就是无条件的关爱。

希望你会发现应该如何让慈爱练习成为每天生活中的一部分。这项练习看上去可能很简单，但是将好奇心和灵活性引入其中是很重要的。这里给出的指导原则仅仅是一个起点。遵从你的内心，并且像莎伦·萨兹伯格所说：“观察有什么会发生。”

第7章

关爱别人是最高级别的自私

高度的同情心只是利己主义的一种更高形式。

——冥想教练

这一章，我们将把自我同情的方法，扩展到人际关系上。在日常生活中，人际关系的好坏是我们快乐和痛苦的根源。你将会看到，自我同情是维持健康人际关系一种非常重要的元素，只是我们通常都没有意识到。

你或许已经练习过针对别人的慈爱冥想，比如能够让你绽放微笑的心爱之人。但是，你将如何对待那些在生活中让你困扰的人呢？这些人在自我觉醒和自我同情练习中是一项巨大的挑战。但是，这也是你将练习深化的一次机会。你完全可以在自我尊重和自我关心的基础上，学到一种系统的方法，用于改善与他人的关系。

“难道我就不能躲开让自己烦恼的人吗？”惹不起，难道还躲不起吗？很多时候，虽然躲开有问题的人是个不错的选择，但它不是一个万能的策略。除非我们过着隐居的生活，否则就必须要面对各种麻烦的人：在街道上，在出租车里，在工作中，在家庭聚会上——几乎随处都会遇见。英国作家道格拉斯·亚当斯有一句广为流传的名言，它就是："人是很麻烦的。"

更不幸的是，还有人居住在我们的头脑中。即使你一个人站在空旷的山巅，你的思维也在跟别人喋喋不休。你在跟你的岳母、继父、姐妹，或者你的朋友说些什么？你可以回忆一下，那时，你心里涌起了怎样的感情？

我们总是第一个感受到我们的负面情绪给自己带来的痛苦，就像中国的一句俗语："仇恨会腐蚀它的容器。"

改变我们与自己脑中之人的关系，是在现实中与他们良好相处的第一步。我附近的便利店中有一位坏脾气的中年店员拉吉维，在对他进行了三天的慈爱冥想练习之后，我在一个深夜又到那里去买牛奶。我进门的时候就看见了他，然后不由自主地微笑了一下。我之前的习惯是付账之后尽快离开，但是这次我多待了一会儿，并且跟他聊了几句。直到我回到家才意识到发生了什么。通过冥想这个远居异国他乡的男人如何为生活挣扎，一直工作到深夜，卖彩票给生活不开心的人们，我的反感悄悄地转变成了好奇和关心。而拉吉维对我的努力全然不知晓。改善与他人的关系要首先从自己开始，这是一项内心的工作。

这些经验给了我信心，让我能够面对生活中更烦扰的人物。有些人会让我内疚，有些人会让我生气，还有些人会让我后悔或焦渴。他们逐渐地一个一个都屈服于我发自内心的关怀的力量："正如我希望得到幸福，远离痛苦，愿你也得到幸福，远离痛苦。"

负面情绪会将我们与自己隔离，与他人隔离，因为它们会激起反感。练习针对他人的慈爱逐渐让我感觉不再那么孤独，并且在各个方面与生活联系得更加紧密。

佛陀曾言道：

> 关照自己，则能关照他人。
> 关照他人，则能关照自己。

我们对他人的所想、所感，也会决定自己内心的感觉。

如果你与自己争吵，最后，整个世界都会与你争吵

慈爱冥想有四个治愈性的要素：意图、注意、情绪和联系。放大我们的根本意图——“愿所有生命都幸福”，可以让我们的生活充满活力和意义；单焦点的注意，能够使头脑镇静，“不断返回到你的慈爱格言上”；而同情、关爱和温情等这些正面情绪又可以带给我们快乐；最后的联系则能让我们感觉更加平和安宁，因为联系使我们不再孤独，不再害怕，能够感觉到共通的人性。在上一章中，我们介绍了自我与自我的联系；现在你将会学到如何练习自我与他人的联系。当我们将自己的注意力集中在他人身上时，慈爱练习中的联系要素会变得特别清晰明了。它能够抚慰疏离感所带来的痛苦。

大多数人并没有认识到联系在自己生活中的重要性。它是看不见，摸不着的。就像我的一位同事兼朋友所阐释的：联系也有

潮涨潮落——我们不断与他人产生联系又变得疏离，但是我们往往过于沉浸在自己的家庭、工作以及其他责任之中，难以注意到这些变化。但这并不意味着我们不会有所感觉，因为疏离是会痛的。有时候疏离感是很细微的，但其破坏性却是巨大的。它常常会导致出轨或者虐待等。

通常疏离是不会被察觉的。它可以以暴躁易怒，自我怀疑，忧心忡忡，或者郁郁不乐的形式出现。当你感觉到孤独或者疏离的时候，工作中的某位同事可能会变得极其性感诱惑，特别是当你们俩一起在办公室工作到深夜时；或者你可能会暴饮暴食，花大量时间逛街，在网络上四处寻找爱情，或者沉迷于酒精。在这种时候，你应该听从吉米·卡特的建议，去探寻“你没有看见的东西”。是否真的是疏离感让你焦虑、生气、悲伤，或者产生性欲？当你的配偶从一次商务旅行中归来时，你是否感觉还像原来一样？还是会在他/她的陪伴下反而感觉更加疏离，导致心情更糟？

疏离总是不可避免的，即便是在最良好的关系中。在某种意义上，我们每个人都与他人格格不入。这很容易理解，因为我们有不同的DNA，不同的童年经历，而且生活在各种各样的经济、人种、民族和性别群体中。我们的梦想也不断与其他人的梦想碰撞冲突。因此，每一种关系中都会包含着疏离的痛苦。

但是在最深的层次上，在超越普通觉知的层面，我们却被织进了同一块布料之中。一位杰出的冥想教练提希·罕，以一种动人的方式对这一观点进行了说明：

> 如果你是一位诗人，你将会在这页纸上清楚地看见一片飘浮的云。因为没有云就没有雨水，没有雨水树木就无

法生长，没有树木就无法造纸。所以这片云就在这里。这页纸的存在依赖于这片云的存在。纸和云如此亲密。

让我们再看一下别的东西，比如阳光。阳光是如此重要，没有阳光，森林就无法生长，人类也不能成长。所以伐木工人需要阳光来砍下这棵树，而这棵树也需要阳光才能成为这张纸。

如果你再深入地看下去……在这页纸中你不仅会看到云和阳光，还会看见一切都在这里，包括那些变成伐木工人口中面包的小麦，还有伐木工人的父亲——一切都包含在这页纸中……这片小小纸片的存在，证明了整个宇宙的存在。

天文学家卡尔·萨根用类似的话回应了这种视界："如果你想从零开始做一个苹果派，你必须首先创造整个宇宙。"

疏离感与我们内心深处的自我感常常会发生争吵和冲突，这就是为什么我们会痛苦的原因。如果我们能够与孩子、配偶、所有的朋友，一切不同种族、文化、年龄和性别的人们，以及一切活着的生命联系在一起，不管它们的生存会如何与我们竞争，这样一种完整的联系感会带来极大的幸福感。

正如爱因斯坦所说：

每个人都是一个整体中的一部分，这个整体被我们称之为"宇宙"。而我们则是受时间和空间局限的一部分。如果我们仅仅凭借能够体验到自己、自己的思想和感情，就认为自己是与其他部分相分离的东西，无疑是一种意识上的错觉。

这种错觉是我们的牢笼，将我们拴在自己的个人欲望之上，并且只去关心身边的几个人。我们必须将自己同情的范围扩展开来，拥抱所有的生命和整个美丽的自然，把自己从牢笼之中解放出来。

这种事情真能做到吗？嗯，一定程度上是可以的。即使是在疏离之中，只要在痛苦的时刻不放纵自己，我们就能保持联系感。例如，在被男朋友冷落之后，需要很强的自我意识和自信才能向自己承认："他只是对我不那么感兴趣而已！"如果能够不回避自己内心的感情，我们也能继续直视别人的眼睛。第一章中迈克尔和苏珊的故事也说明：对自己人际关系上的痛苦保持认知，能够让我们的联系不会被断开。

内心安静了，生活中就不会有那么多讨厌的人

为了能够面对烦扰的人，比如个税审计员、离异的配偶、电话推销员等等，一些基本的慈爱冥想训练是非常有必要的。

内心的冥想是为了针对外部的现实世界，正所谓"攘外必先安内"。

这种训练通过强化慈爱和同情，将自己的感情包袱暴露出来，从而让我们发生转变。例如，你的一个好友在工作中突然升到了很高的职位，可能会让你嫉妒眼红，或者你会因为妹妹在你之前怀孕而对她心怀愠怒。当你开始冥想，培养希望你的朋友或者妹

妹得到幸福并远离痛苦这一愿望时，你马上就会与这些别扭的情绪短兵相接。这种在内心进行的冥想，能够帮助你在真正面对他们之前就与他们和好，于是就没有人会因此受伤。

从传统上讲，在慈爱技巧中需要训练自己去面对的人分为六类。练习的窍门是，从一个容易的目标开始，逐渐强化慈爱，然后再进一步深入下去。

1. 自我——在你皮肤之下的本体。

2. 施惠者——始终能够让你微笑的某个人或动物，比如一位导师、一个孩子、一位精神上的向导、一只宠

我有一个小任务想要交给你：我想让你帮我渗透进美国国税局，然后种下同情的种子。

物，或者大自然的一部分。

3. 朋友——一个能够支持你的人，你会对其感到信任和感激，产生的大多是正面情绪。

4. 中性的人——任何你并不了解的生物，因此既不喜欢，也不讨厌。

5. 讨厌的人——能够让你痛苦的人，或者你在面对他时产生的大多是负面情绪。

6. 群体——任何有生命的群体，例如上面列出的所有人，你家里、工作单位，或者一个城市中的所有人。

在上一章中，我们已经介绍了针对自我的慈爱冥想。也有人已经利用“施惠者”作为通往自己的中间途径，进行过一定的练习。对那些还没有对“施惠者”进行过尝试的人，我们将先从“施惠者”开始，然后顺次过渡到其他几类上。一旦你掌握了如何应对“烦扰的人”，你就已经做好了准备，可以将慈爱施与他人了。

为了对这项练习产生一种整体的感觉，并且保持它的趣味性，我建议你首先每天尝试一种类型，进行20分钟的冥想。然后再回头练习每一种类别，每种各持续一整周。请将这一章看作慈爱冥想的基础入门。如果你希望练习的密度更大，每天的练习时间要大于20分钟，请考虑找一位优秀的教练。一位教练指的是，在你之前曾经走过这段路，知道有哪些障碍，并且能引导你通过这些障碍的一个人。

施惠者

这一类别是整个过程的开端。施惠者是指能够让你脸上浮现出微笑，能够温暖你内心的某个人或物。可以是一位敬爱的老师，一位精神上的向导，一个孩子，一只宠物，或者你喜爱的大自然中的某种东西。选择一种最不可能让你在后来失望的关系——能够始终给你带来快乐的某个人或物。

试着做：施惠者

这次冥想需要20分钟。像第六章中描述的一样，开始慈爱冥想：将自己的注意力集中在心脏部位，深呼吸一下，在脑海中想象自己坐着的形象，然后回忆一下，希望所有生命都得到幸福，并远离痛苦。然后开始重复你的格言5分钟，或者直接进入对施惠者的冥想。

★ 在脑海中清晰地形成施惠者的形象，让自己感觉就如同那个人在场一样。让自己享受这种美好的陪伴。同时，认识到你的施惠者也是如此脆弱——就像你一样，会经历病痛、衰老和死亡。

★ 对自己说："正如我希望得到幸福，远离痛苦，愿你也得到幸福，远离痛苦。"

★ 轻柔、温和地重复下面的格言，同时感觉你语言的分量：

愿你平安。

愿你幸福。

愿你康健。

愿你舒适安闲。

★ 当你注意到自己的思维游离出去时，返回到你的语言和施惠者的形象上，在出现的任何温暖感情上多逗留一会儿。慢慢来。如果你想要返回到自己身上，可以按自己的意愿随时回来，然后在你准备好之后再回到你的施惠者身上。

★ 20 分钟后，在你结束冥想之前，说：

愿我与所有生命都平安。

愿我与所有生命都幸福。

愿我与所有生命都康健。

愿我与所有生命都舒适安闲。

★ 慢慢睁开你的眼睛。

与针对自身的慈爱冥想相比，将慈爱冥想集中在施惠者身上一般是比较容易和愉悦的。但假如这是你第一次对施惠者冥想，可能会对这项练习产生很复杂的感情。例如，你可能会感觉自己并没有权利与这个特殊的人如此亲近，或者感觉像是透过窗户偷窥别人一样。这种隐秘的想法一般会在一周之内消退。在练习中，任何需要的时候你都可以自由地返回到自己身上，或者返回到自我觉醒冥想上——抱着接受的心态，在你感觉到什么的时候，明了你所感觉的是什么。

朋 友

针对施惠者的练习持续大约一周以后，你差不多已经做好了准备，可以进入“朋友”这一类别了。选择几个朋友，用针对施惠者的练习方法先简单地测试一下。你不需要找出一个十全十美的朋友，因为他并不存在。在你选定了某个人之后，就针对这个人进行一整周的练习。每次冥想时，以自己作为对象进入练习，然后转移到你的施惠者身上一小会儿，之后再转移到朋友上。

出现不适的情绪是不可避免的。如果你十分爱你的朋友，格言“愿你平安”可能会激起你对她/他是否平安的忧虑；当你回忆起某次手术之后，你的朋友并没有来看你时，可能会感觉到愤怒；或者你会因为朋友比你更富有、婚姻比你更幸福而心生嫉妒。当发现负面情绪挟持了你的注意力时，轻轻地返回到慈爱格言上。如果它们控制了你的头脑，退后一下，回到对自己或者施惠者的慈爱上。任何不愉快的情绪都是关爱自己的充足理由，不管是恐惧、愤怒、嫉妒、羞愧，还是悔恨。

在面对朋友时，每个人都会偶尔经历一种令人困惑的感情，即“幸灾乐祸”。当朋友遇到困难时自己反而感到高兴，当有好事情发生在某位朋友身上时，自己却高兴不起来。如果你遇到这种感情时，不必感觉羞愧，只需要继续培养你的慈爱和同情。

疏离感是幸灾乐祸的根源，但是我们的慈爱练习能够让自己建立起联系感。当你明白你正在跟朋友一起分享他的生命旅程，而不是感觉被忽略之后，幸灾乐祸就会向快乐让步。说一下“愿他与我都……”而且如果你能支持朋友的成就，说出“愿你的好运变得更大更大”这样的话，就会感觉更加快乐。重复这些慈爱格言，看一下会发生什么。

慈爱可以改变大脑，让我们更有同情心。

美国威斯康星大学的理查德·戴维森教授的研究表明：仅仅通过 2 周的慈爱冥想，就可以改变大脑的活性，让人们对自己和他人更具同情心，甚至更慷慨。斯坦福大学的研究者也发现：仅仅 7 分钟的慈爱冥想就能增加正面情绪，提升自己与他人的联系感。

中性的人

“中性的人”虽然是个单调呆板的名字，但其实是一个非常有趣的类型。你可以针对生活中可能遇到的任何一个人培养慈爱，他们有67亿人，而且还在不断增加。中性的人指的是你还不认识的某个人，这就意味着你能够跳出通常的成规和偏见，对其抱有较少的喜欢或者讨厌。

选择一位你可能再次遇见的人会很有趣，这样你就可以测试自己的冥想效果。在这几周的练习过程中，还要记得将动物和植物也包括进自己关怀的范围之中。

在面对中性的人时，你最大的挑战是如何维持慈爱的活力。每当你的练习需要重新恢复一下活力时，你可以后退到施惠者或者自己身上。不要让你的练习变得枯燥无味，否则你将会把大脑训练得枯燥无味。让这位中性的人在你大脑中形成尽可能美好的形象，体验这个人的存在，轻柔温和地重复格言，感知语言的力量，然后提醒自己：这位中性的人像你一样，也是脆弱的生命，会经历伤痛和死亡。

讨厌的人

对中性的人进行的是广度练习，而对讨厌的人进行的则是深度练习。

我们需要进入到自己内心更深的地方，才能唤醒并维持对那些讨厌之人的慈爱。在慈爱的道路上，我们讨厌的人其实是我们“最好的朋友”。

开始时，请选择一个讨厌程度较低的人，而不是一个曾经深深伤害过你的人，或者一个在世界范围带来重大灾难的人。

试着做：讨厌的人

这次冥想也需要 20 分钟。按之前描述过的方式做好冥想的准备，然后向自己重复慈爱格言大约 5 分钟。

★ 在脑海中清晰地形成“讨厌之人”的形象。提醒自己这位让你讨厌的人也在为自己的生活努力挣扎，而且正是因为这样才给你带来了痛苦。对自己说：“正如我希望得到平静，远离痛苦，愿你也找到内心的宁静。”

★ 轻柔地重复下面的格言，在脑海中保持这位讨厌之人的形象，同时感觉你语言的内涵：

愿你平安。

愿你幸福。

愿你康健。

愿你舒适安闲。

★ 反感、厌恶、愤怒、内疚、羞愧或者悲伤可能会马上出现。伴随这些情绪，慈爱格言听起来可能空洞而虚伪。对你感觉到的情绪做一下标注（“悲伤”“愤怒”等），并针对自己练习同情（“愿我平安……”）。当你感觉好一些之后，再去尝试面对你讨厌的人。

★ 在你结束之前，放开对讨厌之人的注意，并且说：

愿我与所有生命都平安。

愿我与所有生命都幸福。

愿我与所有生命都康健。

愿我与所有生命都舒适安闲。

★慢慢睁开你的眼睛。

请相信自己能够迎接这项挑战，它反映出你要将慈爱融入到生活方方面面的决心。

当你在处理生活中的烦扰之人时，可能会产生下面的想法：

★“我不希望自己讨厌的人快乐。这样他/她就不会改变了！”当我们对讨厌之人施以慈爱时，我们并不是在接受坏行为，也不是希望这个人能够逃脱自己的错误和罪过。相反，我们是在祝愿这个人变成一个幸福的、平静的人。让格言在进入你的耳朵时更可信，可能会有所帮助，比如，“愿迈克尔治愈他内心的伤口，找到他的幸福之路。”当你的态度变得温暖时，令你烦扰的人可能会有所改变，但是不要由他/她的行为决定你的练习。

★“我甚至都不愿提起这个讨厌的人！”大多数人会本能地希望讨厌的人直接消失或者死去。中国西藏有句俗语：“不需要诅咒你的敌人死去；他们总有一天会离开！”如果强烈的反感在你心里产生，久久无法消散，可以先转移到一个讨厌程度较低的人身上。另外，如果过于痛苦的话，在冥想中没有必要一定去感知讨厌之人的形象。使用慈爱格言，会让你感觉舒服一些，慈爱也会占据优势。你可能更喜欢使用一个人的本名，来保持情感上的距离，比如“愿约翰找到内心的宁静……”而不是一个非正式的代词“愿你……”最后，你可以在任何需要的时候，去寻求施惠者的陪伴，或者是自己的陪伴。

★“我把太多时间用在给自己慈爱和同情上了！”你在对讨厌之人的冥想中，即使有95%的时间都用在了对自己的慈爱上，你也不必担心。因为在针对讨厌之人的练习中，最需要处理的是自己的负面情绪。你感觉越痛苦，就越需要关心自己。有时候将手放在胸腔上，并通过胸腔慢慢呼吸，能够帮助你获得自我同情。

★“我能不能首先去对付我生活中最难相处的那个人？”一般而言选择一条中庸之道是最好的，先去面对既不过于困难也不过于轻松的一个人。通过稳步前进的练习，即使是最讨厌的人也会逐渐丧失对你的影响。用你的直觉去判断一下，最讨厌的人是否会阻碍你培养慈爱的任务。

★“我只是想宽恕，然后忘掉。”请不要过于仓促地去宽恕。只有在你向自己的痛苦敞开怀抱，并且彻底地接受它们之后，对别人的宽恕才会到来。当你感觉自己已经准备好之后，试着重复宽恕格言，比如：

我曾经经历过可怕的迷茫、恐惧和自我怀疑。我曾经孤独过，困惑过。我宽恕自己那些曾经给你带来伤害的所作所为，不管是有意的还是无意的。

然后转移到令你烦扰的人上：

我知道你也曾经痛苦过。你也曾经有过孤独、伤心、失望和困惑的时光。我宽恕你那些曾经给我带来伤害的所作所为，不管是有意的还是无意的。

像重复你的慈爱格言一样重复这些宽恕格言，可以在任何需要的时候返回到自我慈爱上。宽恕需要我们正面处理情绪伤痛，而不是绕过它。

群　体

最后一类是要同时将美好意愿施与众多个体。我们已经进行过这种形式的练习，在每次冥想结束时，都将慈爱扩展开去：“愿我与所有的生命都能幸福，远离痛苦。”

在你已经练习过之前所有这些不同类型的冥想之后，试着在你头脑中将所有人都聚集在一起，并且将慈爱同时施与他们。或者，就像正在举办一场宴会一样，你可以逐个对每个人默默地说，“愿你平安……愿你平安……愿你平安……”如此下去。但不要把你自己忘了。在我宴会上的客人可能包括一位儿时的朋友，便利店的那位职员，还有一位曾经严重冒犯过我的政客。想象这种不可能发生的聚会是一件很有趣的事情。你对每个个体冥想的时间越长，就越容易在脑海中形成群体的形象。

给自己时间品味聚在一起的所有人的共通人性：所有人都在呼吸，所有人都在体验着相似的感情，所有人都不时地经历痛苦，所有人都希望得到幸福，没有人会永生不死。给每个人美好的祝愿：“愿你平安，宁静，健康，舒适安闲。”

其他的群体可以由你家中、城镇、国家，或者整个世界的人组成。你可以将注意力集中在任何一方中的一切生命上，或者头顶和脚下的所有生命，或者能看见的和看不见的所有生命，或者所有男人和所有女人，所有或高或矮，或胖或瘦，或年长或年轻的人们。“群体”这一概念是你要认识到所有生命都是平等的，任何一个都不被排除在外，特别是那些你常常会忽略的。一旦你掌握了其中的诀窍，会发现这是一项特别舒畅而愉悦的练习。

在关爱别人的同时，不要丢失自己

在关心自己与关心他人之间，每个人都需要找到一种健康的平衡。例如，在照顾孩子一整天之后，妻子最不想要的可能就是与丈夫的性爱。她真正需要的也许是一个人安静地散一会儿步，或者得到更体贴的照料。那么，我们应该如何在关爱别人的同时不丢失自己呢？

在与他人联系的深度上，不同的人是有差异的。女性似乎比男性对联系的需求更强。而且她们似乎比男性更喜欢慈爱冥想。我甚至曾经听到过一些男性说："我讨厌慈爱！"但是几乎没有一个女性这样说过。不管你是男性还是女性，尝试着去了解、接受，并相信你自己对联系的宽容能力。

1981 年，当我还在做实习心理医生时，曾跟导师提起，我做了一个噩梦，梦见许多人从我房间的窗户爬进来。她回答说："我觉得你需要一个假期了！"在过去的 28 年中，每当我需要更多的独处时，同样的梦境就会出现。奇怪的是，在一次为期 7 天的慈爱冥想静修中，它又出现了。在这次冥想中，参与者们从来没有互相交谈过，甚至都没有过眼神交流。于是我明白了"有联系的"慈爱冥想实际上是怎样一种状况——头脑可以像在日常生活中一样被各种关系填满。明白了自己梦境的含义之后，我试着在自我慈爱和自我觉醒练习中寻求独处，直到我已经准备好"重新建立联系"。

什么时候把关爱给自己，什么时候给别人？

当你在痛苦之中时，请首先将同情给予自己。有时候片刻的自我同情就是你所需要的全部。

看一下一个典型美国家庭的早晨：妈妈或爸爸匆匆忙忙地为孩子上学做着准备，往往注意不到自己的压力水平正在逐渐上升，无意之中会脱口说出过分的话，比如“肖恩，你怎么总是这么没用？”当这样的情况发生时，请尝试这样去缓解那一刻的灾难——沉思几秒钟“哦，原来这是压力”；然后说“愿我平静。愿我从容。愿我们都能平静从容”。你甚至可以在早上起床之前，就开始重复这几句格言；然后在任何你需要的时候，通过使用这些格言让自己掌握全局。

慈爱和同情是对痛苦的一种关切的反应。你练习自我同情的对象可以是自己的痛苦、别人的痛苦，或者你在看见别人痛苦时所感觉到的痛苦。晚间新闻是练习同情的绝佳机会。可以想象一下，当燃烧的房子、撕裂的尸体，还有营养不良的儿童等影像被放送到你的电视屏幕上时，你会产生怎样的感情？对你的内心状态保持觉知——“看到这些太痛苦了！”并将同情给予自己和那些在屏幕上出现的人们——“愿我平安。愿你平安。愿我们都能平安”。你可以在探望一位患病的朋友时尝试同样的练习。通过同情练习将你的“担忧关注”转化为“同情关注”，你一定会得到令人舒心的宽慰感。

对别人练习慈爱的最自然的时间，是你从内心感觉真正快乐的时候，因为这时你有关爱的能量可以分享。当我们快乐时，祝愿别人快乐是很容易的。而且这么做会让你感觉更加快乐，或许是因为通过为别人着想，你暂时逃离了自己个体性的牢笼。但是时机决定一切，当情绪的源泉比较低落时，最好还是将注意力放在自己身上。

在社交场合感到害羞或焦虑的时候，是针对他人练习慈爱的另一个绝佳机会。为什么在这种时候反而要施与他人慈爱？容易害羞的人在聚会上可能会一边跟一个有趣的人交谈，一边担心自己看上去是否紧张。当自己谈话的对象沉浸在自我之中时，人们可能会产生被遗弃的感觉。然而，让害羞成为问题的正是与倾听者之间的疏离感，而不是焦虑本身。为了能够在焦虑之中也能保持联系感，可以尝试一下慈爱。当你注意到自己沉浸在焦虑之中时，注视着对方的眼睛，然后想："愿你我都能快乐。"像这样的练习能够帮助你在工作面试或者第一次约会的时候感觉不那么慌张。

对他人的慈爱也可以用来治愈从前关系上的疏离。你有没有因为另一个人"占据在你的头脑中，却不付租金而疲惫不堪"？治愈旧的创伤要求我们向关系的两方都施以同情。

海伦已经离婚 25 年了，一直没有再婚。她的前夫约翰因为有了外遇，让他们的婚姻破裂了。随后他就跟那个人结了婚。在海伦的第 75 个生日快要来到时，她下定决心不能再继续背负自己的愤怒了，她不想跟死神分享她的怨愤。带着这样的决心，海伦开始慢慢放开她的愤怒。

海伦决定重新回到记忆深处看一下，那次外遇和离婚到底给她造成了多严重的创伤。每次她这样做的时候，都用慈爱格言安慰自己："愿我平安，愿我寻回宁静。"她像这样一遍一遍地练习，一直持续了 9 个月。最后，海伦连那次离婚中自己所犯的错误也宽恕了："愿我能宽恕自己曾经做过的、所有腐蚀我们婚姻关系的事情。"她也用类似的方式对约翰说："愿我能宽恕你曾经给我和我的家庭带来的伤害。你之所以这样做，是因为你对遍布迷茫和离弃的生活充满了困惑。"随着海伦慢慢释放掉她的怨愤，她与前夫的关系也发生了改观。又过了 6 年，在约翰去世后，海伦参加了他的葬礼，并且遇见了他的第二任妻子，但是她的心里已经不剩丝毫愤怒了。

治愈一种陈旧的、令人苦恼的关系是需要勇气的，但是，像海伦一样，我们首先需要看到，如果不解决它，后果会更严重。关爱我们的敌人并不是一种道德教条，这是我们能为自己做的最有益的事情。

试着对他们使用慈爱格言：以前的男友或女友、父母、恼人的姻亲、兄弟姐妹、过去的朋友，以及其他任何会给你内心造成压力的关系中的另一方。这实际上比你想象得要容易。如果你对自己在这种关系中的表现感到羞愧，特别留意一下，识别出这种感情痛苦。但是，羞愧、内疚以及悔恨等情感是最狡猾，最难识别的，因为我们的内心一直在逃避它们。记住，任何情绪都在自我同情适用的范围之内。为了消除自己正在经历的烦扰感情，一定要将关怀带给自己。之后，将美好的意愿扩展到关系中的另一半。

处理那些可能包含身体、性或语言虐待的创伤关系是需要特殊技巧的。最重要的一点是，确认自己已经准备好了——在这段旅程中有充足的情绪源泉，并且有治疗师、朋友，或者家庭的支持。烦扰的记忆可能会淹没我们最美好的意图。你是否能清楚地注意到，何时自己同情的能力正在逐渐耗尽，何时需要将注意力集中在自己身上，何时需要干脆停止练习？如果你发现自己无法入眠、情绪麻木、难以集中精神，或者感觉到不同寻常的恐惧，并且开始把自己隔离起来，说明你逼迫自己太紧了。请慢慢地、安全地进行。

同情疲劳

将自己的精神过多地投入到他人身上所导致的后果被称为“同情疲劳”。这个术语实际上是不恰当的，因为同情本身并不会让人疲劳。同情疲劳实际上是“沉迷疲劳”。当我们过多地沉迷于自己努力的结果，比如获得成功或者被认可，就会让自己疲惫不堪。同情疲劳的明确信号包括：（1）坚信自己是不可或缺的；（2）对自己试图帮助的对象感到怨恨。同情疲劳感觉很糟糕，并且对任何人都没有什么好处。而自我同情正是它的解药。当你的情绪供给被消耗殆尽时，请先休整一下，并且用任意一种方式关心一下自己：从身体上、心理上、情绪上、关系上，或者精神上。

调节情绪疲劳的另外一种方法是，培养沉静之气。当你被过度的沉迷所困扰时，看一下能否通过冥想这句话让自己解脱出来："我是自己的主人，可以自由选择如何让自己得到幸福，远离痛苦。"这是培养沉静之气的一句佛家格言，可能听上去像是一条冷漠训诫，但是当你被困在同情疲劳之中时，这是你进入情绪自由的入场券。

利他主义与自己的幸福

心理学家马丁·塞利格曼说过，人们寻求幸福的方式有三种：高兴地生活，投入地生活和有意义地生活。研究表明，"高兴"对整体幸福感的影响较小；"投入"意味着知道自己的优势所在，当你对某件事情很擅长时，你可以被它完全吸引住，也就是进入了"流动"的状态，这种体验能给人带来深刻的满足感；而一种"有意义的生活"指的是，你利用自己的优势追求更多人的利益——比自身更深远的东西。利他主义的追求和慈爱冥想都属于后者的范畴。

对任何个体而言，塞利格曼的分类法都只是一种指导，而不是法则。例如，一些特别注重生活意义的人在追求更多人的利益时，往往会忽视自己的快乐，这会让他们变得严苛并喜欢评判。

而另外一些人则可能需要一些鼓励，才能让自己去关爱别人，并享受到改善他人的生活所带来的快乐。即使是完全沉浸在每天的活动之中，虽然能获得高度的满足感，也并不总是可取的。困惑和怀疑的时间也是必要的，这样的时刻能让我们成长。充分利用你对这三种途径的理解，让自己的生活变得平衡而充满乐趣。

唤醒慈爱，枯死的心田也能鲜花盛开

慈爱与同情练习是很容易被融入到日常生活中的。你使用慈爱格言的每一刻，都是在进行非正式的冥想。它只需要片刻的时间。

边走路，边冥想

正如字面意思，在路上进行的令人愉悦的冥想就是步行冥想。不管你是在闹市中还是树林里行走，你的思维一般都处于“默认”模式，咀嚼着过去——谁曾经对谁说过什么；或者计划着未来——你的任务，你晚上的活动等。我们的思维大部分时间都在对周围的人或物评头论足。我们可以利用这些步行的时间，培养慈爱和同情。

试着做：关于同情的漫步冥想

做好步行10分钟或者更长时间的计划，随意选择一个你喜欢的地方。将这段时间专门用于培养慈爱和同情。

★ 静静地站立片刻，将自己的注意力锚泊在身体中。感知自己站立的姿势。感知你的身体。

★ 提醒自己，所有生命都想要安宁幸福地生活。唤起内心深处的愿望：“正如所有生命都希望能够幸福，远离痛苦，愿我也能幸福，远离痛苦。”

★ 开始行走。注意一下自己以挺直的姿势向前移动时的形象。感知自己身体中的感觉，比如可以注意一下自己的脚掌接触地面时传来的压力，或者你的脸颊感受到的风的触觉。让眼睛放松地看着前方，以正常的步速前进。

★ 这样行走几分钟之后，对自己重复慈爱格言：

愿你平安。

愿你幸福。

愿你康健。

愿你舒适安闲。

这些格言能够让你的注意力锚泊在身体之中，并开始唤起慈爱的心态。试着让格言的节奏与步调或者呼吸的节奏一致。将每一句格言简化为一个词可能会比较方便：“平安”“幸福”“健康”“舒适”，或者“关爱”“关爱”“关爱”“关爱”。

★ 如果发现你的思维游离出去，就请轻轻地返回到格言上。如果发现自己急切地想要到达终点，请慢下来并重新集中在自己的目标上。

★ 抱着关怀来进行练习，特别是要对支撑起自己整个身体的双脚心怀感激。珍惜“行走”这样一项奇迹。

★ 几分钟之后，将慈爱扩展到其他人。当有人进入你的脑海，被你注意到的时候，对自己说：

愿你与我都平安。

愿你与我都幸福。

愿你与我都康健。

愿你与我都舒适安闲。

你也可以说“愿你平安”，或者仅仅说“平安”“幸福”“健康”“舒适”，或者“关爱”“关爱”“关爱”“关爱”。不要试图将所有人包括进来，一次只要针对一个人就够了，让关爱的心态长久地保持下去。

★ 最后，将所有形式的生命都包括进你慈爱的领域之内，例如，小狗、小鸟、昆虫，还有植物等等。

★ 让自己接受内心流露出的任何形式的关怀。

★ 在时间将要结束时，静静地站立片刻，并且重复几次“愿所有的生命都能幸福，远离痛苦”，然后再去做其他的事情。

关于同情的步行冥想特别适合那些不能长久端坐的人，或者在电脑前坐了一整天，想要活动一下的人。一个经常被提到的问题是：“如果我必须跟某人谈话，该怎么办？”你可以认真投入到谈话之中，同时让愿望一直萦绕在自己思维的背后：“愿你能够幸福，远离痛苦。”

当慈爱格言在你思维中自然地盘旋不去时，你的内心就会充盈着慈爱。这时，当你再遇见某个人时，你的词汇会根据慈爱格言自动排队，组织成句。例如，内心的念词“愿你健康”，在说出来时可以变成："听说你上个星期得流感了，我很难过。"你不仅仅是在将关怀的话语说出口，而且你会真实地感受到它们。

只要有心，砍柴担水都可冥想

你是否还记得第三章中提到的一个故事，讲的是我妻子手术之后回到家中的情形。当时妻子的双脚肿胀，我费了九牛二虎之力也没有帮她穿上鞋。那时我是既羞愧又恼怒，就在自己的情绪快要失控之时，我的脑海中突然闪现了自我觉醒："哇，情况变坏得可真够快！"在自我觉醒的那一刻，我感觉到自己瞬间就从负面情绪中抽身而出，在旁边冷静地观察起自己的这些负面情绪。接着，我便自然而然地产生了自我同情的念头："愿她和我都能远离痛苦。"有了这样的慈爱冥想，我便从负面情绪中解脱了出来。因此，只要有心，吃喝拉撒、砍柴担水都可以冥想。

慈爱练习甚至能渗透到睡眠和半睡眠的意识状态中。通常在入睡之前和醒来之后，我都会默念一下慈爱格言。妻子在潮热之中时常会将毯子猛地拉下床，一开始让我感觉十分恼火，但是后来我的冥想习惯让情况大有改观。到现在，当毯子在半夜突然从我肩膀上消失时，我发现自己会一边喃喃地说着同情的话，一边扇着毯子，给妻子制造出一点儿凉风。这算得上是夫妻间的一个小奇迹了。

请在你的慈爱练习中穿插一点自我觉醒冥想，这会给你带来好处。因为自我觉醒能够让你在感觉很糟糕的时候，意识到自我的存在，而不被负面情绪淹没。就像达琳所发现的一样。

达琳是一位能干的女性，不仅在外忙得马不停蹄，而且经常回家后还要工作。每当达琳在家工作时，照顾两个孩子的任务便自然落在了丈夫杰奇的肩上。每当这时，杰奇都会有种被离弃的感觉，而达琳也对此深感内疚。慢慢地，达琳内心的压力就转化为了胃痛和腹泻。当她最后决定跟杰奇讨论她的问题时，杰奇安慰她说，即使她感觉内疚，也应该继续做她的工作。于是球又被踢回到了达琳这边。

达琳决定开始用自我觉醒和自我同情来处理这个问题。首先她下定决心找出情绪在身体内的位置，而不是继续深陷在内疚、挫败和愤怒等负面情绪中。她学会了识别腹部的轻微肌肉绷紧，并且对其练习“软化、放任和关爱”（见第三章）。她用一种轻柔、温和的方式标注“内疚”，并且回忆起她小时候妈妈患上偏头痛时，她曾经有过同样的感觉。当达琳仔细回想自己内疚的那段漫长时间时，对自己的同情便涌了上来。值得注意的是，达琳并没有给自己开一场失意派对，让自己身陷在内疚的情绪之中，而是选择给予自己关爱：“愿我平安，愿我幸福，愿我强健，愿我的生活舒适安闲。”然后她把自己亲爱的丈夫也加了进来：“愿杰奇平安，愿他强健，愿他健康，愿他的生活舒适安闲。”“愿我们都健康强壮，愿我们都远离痛苦，愿我们的生活都舒适安闲。”

每当达琳感觉到内疚时，会先找出它在身体中体现的位置，然后开始使用慈爱格言。这项练习让她的心情好起来，最终她成功地从内疚和挫败感中脱离出来，与此同时，丈夫杰奇的情绪也有了很大改善。

像达琳这样的改变一般需要几个星期才会慢慢体现出来。自我觉醒能够帮助慈爱练习扎根于此时此刻的现实之中，而同情则能软化我们在事情变坏之后强加给自己的指责。随着你的练习逐渐深入，你可以将慈爱格言应用到更艰难的情况之中。例如，你跟楼上吵闹的邻居发生了龃龉，首先将慈爱给予自己："愿我平安，愿我远离怨愤，愿我生活舒适。"然后将邻居包括进来："愿她与我都平安，愿她与我都心情舒畅。"最后变成："愿我们都心情舒畅，愿我们都能免于坏心情的困扰，愿我们都能找到与对方沟通的方法。"

在日常生活中使用慈爱格言时，一定要注意保持灵活性，调整它们适应不同的情况。但是，不要让格言过于具体，使自己被某种结果吸引进去，比如"愿她把音乐关掉！"记住，冥想是无为而无不为。如果只关注于一个小目标，那就是我执，就会掉进陷阱。

同情的力量

经过这么多年，我越来越相信：同情具有强大的治疗力量。下面的故事，发生在一次夫妻关系治疗中，再次证明了这一点。

作为一名摄影师，吉米一直勤勤恳恳地工作，但却似乎没有赚到多少钱。露丝对这件事很绝望，经常会大发雷霆。在一次治疗中，这种情况又发生了。露丝好像突然断线的风筝，开始控制不住自己，她大骂丈夫养不起家，"不像个男人"，太"懒惰"，等等。她的言辞如此不留情面，让我感觉好像脱离了现实，就像在看一部关于婚姻冲突的电影。吉米在整场暴风骤雨般的长篇辱骂之下一直很镇静，而且一直专注地看着露丝，这让我非常好奇，也让我感到很宽慰。露丝的打骂结束之后，我问吉米他当时脑海中想的是什么，他回答说："既然这些毒药是从她的嘴里出来的，我眼里看到的只有她心中的痛苦。"

在接下来的一次治疗中，我了解到露丝在经济条件很差的环境中长大，非常害怕重新回到那种生活中去。这个问题清晰地摆在了他们面前，而不再是露丝心中隐藏的惶恐。最后，这对夫妇坦率地讨论起他们的财务需求，并且一同开动脑筋计划他们的未来。露丝甚至主动提出承担吉米摄影事业的财务工作，吉米非常感激地接受了。

如果没有吉米深厚的同情，这样的结果不可能出现。吉米的同情创造出一片空间，让他可以触及到妻子尖厉言辞背后的柔软感情，并与之进行更深层的对话。在亲密的关系中，每个人都会时不时地用挑衅的言辞表达他们的痛苦。吉米不同寻常的注解“既然这些毒药是从她的嘴里出来的，我眼里看到的只有她心中的痛苦”，已经成为我在处理激烈的夫妻矛盾时的一只锚。值得高兴的是，在露丝聪明的指导下，吉米的事业正在蒸蒸日上。

我在做心理医生的时候，还有一个关于同情的案例也曾经让我十分惊讶：

萨姆来到我的办公室时，看上去既紧张又烦乱。我上次见他还是在几年以前。这次他打电话来预约了一次紧急治疗。几分钟以后，萨姆终于忍不住开口：“我必须帮妈妈自杀！我来这里是因为觉得你或许能帮我一下。”我非常震惊，而且大惑不解。我做心理医生已经超过 15 年了，从来没有遇到过这样的请求，何况还是来自于像萨姆这样理智的人。

当萨姆开始解释之后，一切都明白了。他母亲中风以后，再也不能自己说话、吃饭、走路和上厕所。萨姆说他能够从她万分痛苦的双眼中读出，她在乞求自己结束她的生命。由于对中风了解不多，也为了拖延萨姆的时间，我建议他在进行极端行动之前最好先等一下，因为他的母亲可能在来年有所恢复。

这之后，我没有再听萨姆提起过这件事情。一年之后，当他再打电话为了另外的一个问题预约时间时，我问他母亲的情况怎么样了。他回答说：“哦，她现在好多了。”我继续追问到底是什么情况，萨姆说，她并没有恢复任何身体上的能力，但是却似乎比一生中的任何时候都要开心。“怎么会这样呢？”我惊奇地大声问道。萨姆解释说，他母亲一直是那种特别能干的人，从来不让别人为她做什么事情。在跟萨姆父亲生活的一辈子里，她都在毫不留情批评他。而现在萨姆的父亲却在很开心地从各个方面无微不至地照顾她。萨姆说：“妈妈被迫接受同情和关爱，这可能是她这辈子的第一次，而这似乎让她变得温和了许多。”

不同寻常的同情和关怀，才创造出这样令人惊叹的结果。

还有最后一个例子，能够说明慈爱和同情的力量。吉伯是在48岁时跟法伊结婚的，之前他曾有过一次破裂的婚姻，而法伊当时是32岁。法伊有一头漂亮的金发，开一辆红色敞篷跑车，车牌是“FUN4—FAYE”（法伊的玩物）。他们结婚三年之后，吉伯被诊断出患有急性淋巴母细胞白血病，而化疗又让他胸部以下的身体都瘫痪了。法伊听到这个噩耗之后，开车回家时一直在大哭：“我丈夫瘫痪了！……我丈夫瘫痪了！我不要我的丈夫瘫痪！”两年之后，当我再次去拜访法伊和吉伯时，我问法伊：“你是怎么熬过来的？”她轻轻地回答说：“我从来不知道自己可以爱得这么深。”她的回答让我浑身一颤，从此以后，那段对话便一直在我脑海中回荡着。

“这需要一个过程。”法伊告诉我，“我们有很好的顾问和牧师。而吉伯让我能够倾心交谈。大部分时候他都是一位丈夫，而不是截瘫患者。是他让我变成了现在的自己。”她还说，“我不再是以前的劲爆美女，但是吉伯能够看见我灵魂中的美。上帝召唤我们在灵魂的层次上相爱。他将我们原来共同拥有的许多东西都拿走了，从而让我们对对方的了解达到了更深的层次。我们现在拥有的爱情完全是一个奇迹。”

八年前，法伊和吉伯收养了一个女儿，这给他们的生活带来了新的光芒。当他们的女儿开始上学以后，法伊又回到了她的教师职位上。她说：“当家长们流泪的时候，我也会跟他们一起流泪。几乎在任何人面前我都会这样。开始我有些担心自己是否太软弱了，但丈夫告诉我，这不是软弱，这是同情！这是内心强大的一种表现！”

The Mindful
Path to Self-
Compassion

第三部分

03 每个人都可以觉醒，人人都可以成佛

第8章

世界是一个大寺庙，每个人都在里面修行

人一直在悬崖峭壁上行走，不管他愿意与否。保持平衡是他的第一要务。

——何塞·加赛特，西班牙哲学家

每个人都属于不同的人格类型，因此，每个人都需要定制适合自己的自我同情练习。人格类型不同，自我同情的方式也就不同。例如，一位“照顾者”类型的人可能很容易对他人产生同情，却会在自我同情上犹豫不前；一位“理智者”可能已经在头脑中理解了自我同情的概念，却发现很难在感情上取得进展；一位“蝴蝶”类型的人也许在一开始对自我同情抱有很高的热情，但是在第一处困难的路标前就飞走了。通过了解自己是按照哪种类型被创造出来的，你可以最大限度地发挥自己的优势，并将那些总是突然冒出的障碍减到最小。

在做自我同情练习时，还有些挑战是会出现在所有人面前的。在佛教心理学中，它们被称为“业障”：贪欲、厌恶、烦倦和怀疑。当你了解了这些之后，在自己陷入其中某一种状态时，就能有所察觉。例如，你可能会怀疑自己是否能对某个家庭成员培养出自我同情——这就是“怀疑”；或者你可能会想要马上体验练习的成功——这就是“贪欲”。能够辨识并处理这些“业障”，会让你的练习变得更顺利。

总而言之，了解自己的人格类型，以及那些会时常阻碍你的情绪，可以帮助你免去大量的烦恼。

掌控了自己的情绪，你就掌控了自己的命运

当我在 1976 年第一次学习冥想的时候，我觉得生活中最重要的事情就是达到精神上的觉悟状态。我非常频繁地进行冥想，常常变得十分焦虑急躁。几个月以后，我意识到自己确实是在越来越多地学习关于思维的知识。当然，对一位有志向的心理学研究者来说，这并不是什么坏事，但是我却因此变得十分不开心。于是，我想：“我的目的是什么？现在为什么要经历痛苦，难道是希望在遥远的未来得到回报？如果在每时每刻，循序渐进地培养健康的心灵，不是会更好一些吗？”

掌控了自己的情绪，你就掌控了自己的命运。而掌控情绪的关键是关怀。关怀既是练习的手段，也是练习的目的。

现在，每当我发现自己过分用力地进行冥想时，就会对自己重复慈爱格言：“愿我幸福，愿我舒适安闲。”这会马上让我的

身体和头脑缓和下来。如果你能在此时此刻体验到慈爱的四根支柱——平安、幸福、健康和舒适，那么，你的冥想练习就是平衡的。这是我们的目标。

自我同情练习的美妙之处在于，你不需要观望远处就能知道自己是否是在正确的轨道上。你有没有将关怀带入你的日常体验之中？不管你是在冥想，还是在哄孩子入睡，或者正被困在阻塞的交通之中，最关键的问题是，你正在“如何”做这件事。你有没有抱着对自己的美好意愿？这是多么简单的一件事情。另外，当你在为某种想要的东西挣扎努力，或者在为某种不想要的东西竭力逃避时，总会感觉到不适，这时你能否感知到对自己的同情，并软化这种不适？

对幸福的期望是你最好的老师。当平安、幸福、健康和舒适不再出现时，你会得到警示。注意一下不适的体验，然后决定该做什么。是否该将注意力集中在呼吸上，让思维镇静下来？如果你感觉到紧张而憋屈，是否该将知觉延伸到其他的感觉上？是否该给予自己关爱？当你有一个幸福的标准可以评价自己的心理状况时，这些选择会很容易出现。

如果你一次又一次地经历同一种焦虑，比如身体绷紧、怀疑和孤独时，那么就应该测试一下自己的人格类型了。你是否在过分努力？你是否在要求完美？你是否因为在用冥想逃避社交而导致自己孤独？尽管在冥想中出现不安是很自然的，但长时间的焦虑是一声警钟，提醒你检查一下自己的参考标准：你的人格类型。我们都需要时不时地去看一下。

不同类型的人，却走在同一条觉醒的道路上

人格是态度、想法、感情与行动的容器，也就是被我们称为个性的“自我”。如果没有你的人格，你将不再是你！冥想教练的工作就是处理每一种独特的人格，并找出方法让练习更愉快，收益更大。通常这需要软化一下我们认为自己具有的某些侧面。知道自己的人格类型可以帮助你成为自己最好的教练。

下面提供的 12 种人格类型可以作为练习的辅助。它们主要是一种个人描述，你可能会在下面的一种或者多种人格类型中看见自己的影子。如果不能将自己确定为其中的任何一种，你也可以自由地为自己制定一种类型。

我们的人格根本上是围绕生存的需求而不是快乐的需求塑造的，所以如果你人格的某些方面与情绪安宁和自我关怀的练习相冲突，也没有关系。试着确定在你生活中占据主要地位的人格类型，并检查它们对你练习的影响。

当你在综览这些类型时，请保持宽松的心态。人无完人。我们在这世界上生存都是有条件的——我们需要一个“自我”——这样我们就不必在生活的每个时刻都重新构筑自己。但是，在你小时候能够起作用的东西，成年后却可能失效；你与恋人相处时能够起作用的东西，在面对一辆新车砍价时却可能失效。本章的目的并不是改变或者评判你的人格，而是要衡量一下它可能对自我同情练习产生的作用。

照顾者

将同情施与自己是否会让你马上想起另外一个人更需要它？照顾者通过照顾他人找到生活的意义。他们很容易在做父母、护士或者管理员时得到很大发展。在看护性职业中，帮助他人所带来的内在满足感，可以在一定程度上弥补相对困乏的物质回报。女性比男性更容易成为照顾者。照顾者们很擅长同情，能够在感情上或者亲身陪伴在别人旁边，跟他们一起渡过艰难低沉的时期。

对照顾者的主要威胁，来源于他们对自己的努力成果过于执着。付出爱心之后却不能控制事情的发展，这对他们来说是一件很痛苦的事情。我曾经听说过一位母亲，在儿子大学毕业第一次工作面试时，居然陪他一起前去，并在过后向面试官询问儿子的面试表现！另外，当照顾者过分沉浸在关爱对象的痛苦之中时，他们会失去心灵的宁静，就像俗语所言："母亲的快乐只能建立在她最不快乐的孩子身上。"

针对这种感同身受的痛苦，自我同情是一种非常有效的安慰。但是照顾者往往会觉得，如果他们关心自己，就等于离弃了自己关心的对象。在极端的情况下，一位照顾者如果不努力达到自己能力的极限，就觉得自己不关心别人。她会想："如果我担心得足够多，我儿子就会平安！"有些母亲发现，当她们说出"正如我希望女儿平安、幸福一样，愿我也能平安、幸福"的时候，自我同情会更容易到来。这句话能够同时安慰到照顾者心中的两端——主体和客体。

照顾者也许还会说"虽然如此，但他的情况要比我严重得多"，从而拒绝关心自己的痛苦。通过与他人比较来弱化自己的痛苦，这会妨碍自我同情，因为为了唤起自我同情，我们必须清晰地感受到自己的痛苦。

我们应该如何在关爱他人的同时，不迷失自己？我们首先练习了对自己不适的自我觉醒——“这样很疼！”。然后我们软化情绪在身体中的体现，并从语言上（“我爱你！”）和行动上（例如，一个热水澡，或者到河边散步一下，等等）善待自己。在艰难的时刻拥抱一下自己，能够保护我们免于疲累和怨恨，并给予我们在别人需要时站在他们面前的能量。

理智者

自我同情练习是否显得过于感情外露，会让你远离理性？理智倾向的人使用他们的理性思维来调节情绪和解决问题。他们建议我们用下面的方式来考虑伤痛和痛苦：“如果有某种方法或者机会能够战胜痛苦，那么你就没有必要担心。如果不管做什么都改变不了，那么再担心也没有用。”这种清晰明了的想法能够给比较情绪化的人带来安慰，特别是在危急时期。

但是理性者可能会因为想得太多而失去内心的平衡。苏格拉底说：“理智是很好的仆人，但却是很差的主人。”当理智者心烦意乱时，他们乘坐电梯升到最顶层的意识层面，就会被困在自己的头脑之中。理性思维是理智者解决问题最可靠的手段，但是有时候问题必须在更低的层面上去处理。例如，带来创伤的记忆往往被锁在身体之中，而身体需要被抚慰才能将它们释放出来。在情绪伤痛之中，意识沉迷可以为你提供短期的安慰，因为这是某种形式的逃避，但是它也会让情绪问题缠绵暗藏许久许久。

我曾经认识几位理智者，对慈爱练习总是感觉非常不舒服。

那些格言，比如“愿我平安”，好像并不可信。“你说平安？我们都会死，所以没有人会平安！”对理智者来说，特别难以领会“愿望”与“愿望的目标”之间的区别。愿望是在胸腔那里被体验到的，而不是在头脑中。我们所感觉到的是一种心态，而不是一个思维过程。幸运的是，单纯愿望的感觉不会被愿望的具体目标（健康，幸福）局限住。在经过足够的练习之后，任何人都可以体验到。

有的理智者在面临深重可怖的痛苦时，会认识到自我同情练习的价值，因为这时候思考不能再帮他们从困境之中逃离出来。即使是最理智的人，当他感觉十分糟糕时，也会对关爱着迷。这时候理智者会满足于“关心”，而不是“治愈”。另外一些理智者则是通过自我觉醒练习慢慢察觉到自我同情的重要性。他们发现，当自己面对令人深深困扰的感情，或者其他完全无法思考的东西时，需要将慈爱添加进这一片混乱之中。

另外，理智者还可能对自我同情中“自我”的概念百思不解。他们会问：“难道我们不是在强化一种假象，让自己感觉更加隔离和孤独吗？难道仅仅关注即时即地的体验，而不去附加一个‘自我’，不是更好吗？”当我们感觉愉悦时，这种观点是完全正确的。但是，当“自我”处于痛苦之中时，更健康的反应是：进入到痛苦所在的位置。当烦扰的情绪显露出来时，我们的注意力会自动地超脱于受限的“自我”而移动。

完美者

你是否对自己的表现总是不满意？你是否因自己不能达到标准而灰心丧气？完美主义者会从严格的标准中获益，但是他们也会屡屡达不到自己的预期。什么时候才能真的达到“足够好”？可能只有在你更年轻，更漂亮，更聪明，更富有，更强壮，更健康，并且更快乐的时候。完美主义的产业建立在我们永远都不够好的文化假设之上。尤其是女性，总是被她们假想的不足所围攻。

完美主义来源于童年时期。如果某位家长要求孩子必须达到极为严苛的标准之后，才会给予认可，那么这个孩子直到成年后都会一直带着一种不完美感。反之，如果没有任何标准，父母在感情上很疏远，孩子则可能为自己建立一套虚幻的标准，来决定怎样才能得到关爱。

在自我同情练习中，完美主义者的主要困难来自于他们对进步的不懈要求：“我肯定把这个做错了！”要记住，冥想是一个水平均等的赛场，唯一的“行家”是那些愿意一次次回到练习之中的人。你永远不会“完全正确地”冥想，或者有“足够的”自我同情心。但是，只要坚持下去，你永远都不会失败。在一天里，有那么一刻的自我同情就足够了。自我批评与自我同情是对立的。我发现，一旦完美主义者突破了自我改进的陷阱，就会变成最热心的练习者。

接受同情的唯一先决条件是痛苦。由于不完美感的存在，完美主义者会一直遭受痛苦。因此，完美主义者可以从这里入手——从永远不能达到标准的痛苦之中。完美主义者还可以通过宽恕自己的缺点训练自己去感激、品味正面体验等等，来平衡自我批评的倾向。这些都是可以学习的技巧。

独侠客

当遇到麻烦时，你是否会拒绝别人的关心？你是否一想到与别人分享自己内心的感受就会浑身不舒服？独侠客喜欢独立自主，喜欢不受别人干扰地管理自己的生活。当他们遇到困难时，不会期待别人的帮助，也不会去承担帮助别人的责任。他们会说："每个人都要为自己的命运负责。"独侠客不需要，也不想要任何人的怜悯。

独侠客对那些欣赏自立自强的人很有吸引力。他们毫无怨言地承担起看上去不可能完成的任务。因为独侠客不会主动去寻求安慰或支持，当他们的努力没有被认可时，他们会悄悄地感受到孤独或者不受重视。他们的心爱之人往往会奋力挣扎着想要与他们更亲密一些，但最终还是放弃了。

独侠客想要变得强大，并让一切处于掌控之中。我曾经认识一些独侠客，他们用特殊的方式进行自我同情练习，这样他们就不需要依靠别人。这种练习往往不会有什么效果，因为如果我们觉得在有需要的时刻没有人会来帮助自己，那么内心能够放开的程度就会受限制。许多人曾经告诉我，他们只在有别人陪伴的时候才会流泪。如果你是一位独侠客，请仔细回想一下那些依靠你的人，以及那些在你需要的时候十分愿意帮你的人。你可能并不像你想的那么孤单。

用软化来应对痛苦是一个与独侠客本性相悖的概念。如果你是一位独侠客，请记住，感受到自己内心的痛苦，并不是一个软弱的信号。即使是最坚强的人也会有伤心绝望、需要帮助的时候。总有一天你会再次奋力前行。

幸存者

你是否感觉自己不值得被关爱或者被照顾？幸存者遭遇的这

种状态，被称之为“无价值的催眠状态”。他们不相信自己的感情是正当合理的，也不认为自己有资格感觉愉悦。有些幸存者在小时候曾经被忽略或者被虐待过，一直奋力创造着一种值得活下去的生活。幸存者往往是感情深切的人，一生都在寻求更深层的意义。他们对遭受伤害与不公的人抱以极深的同情，对人与人之间互相施加的残暴和折磨十分敏感。

幸存者在自我同情之路上面临的最大挑战是自我责备。自我责备是长年被忽略或者被虐待造成的一种常见后果。他们的思维模式常常是这样的：“我感觉很糟糕，所以我很糟糕。”在这种思维模式下，人很难开始自我同情。如果母亲经常对孩子说“我真希望从来没有把你从医院抱回家”，那么，这个孩子长大成人后，就很难将关爱施与自己，而且他敞开的心扉还极容易导致“回燃”现象的出现，让被压抑的记忆爆发出来。这些记忆十分强烈，而且不可预测，会将我们的意识淹没。更为糟糕的是，幸存者在感觉愉悦时反而会从感情上将自己封闭起来，本能地害怕因为没有感觉痛苦而受到惩罚。关爱对幸存者来说，可能既陌生又危险。

然而，合适剂量的自我同情则能给幸存者带来慰藉。由于痛苦像空气一样围绕着幸存者，所以同情随时都可以流入。但是，幸存者在给予自己同情时，最好先将同情施与他人或他物，特别是一个孩子或者宠物。最后，他们才能以一种安全的、符合时机的方式，将关怀引导到自己身上——将自己包括进关爱的圆圈之内。

工作狂

你是否找不到时间来进行自我同情练习？“工作”指的是我

们为了得到身外的目标所做的事，比如财富、权利和名誉；“玩乐”指的是为了事情本身而做的事，比如观赏花鸟或者读一本小说。只有在极少的情况下，工作才能同玩乐画等号。孔子说：“知之者不如好之者，好之者不如乐之者。”应该将自我同情练习理解为享受真实的自己，更像是玩乐，而不是工作。

现在的文化是一个工作狂的文化。即使是业余时间，我们也在努力工作。工作狂们对每分钟都要精打细算，还要多任务操作。当他们的时间表被打乱时，他们会十分恼火。他们常常工作过头，不得不付出健康和人际关系上的代价。

对工作狂来说，主要的挑战在于如何慢下来或者干脆停下来。对他们来说，永远没有合适的时间用来练习自我同情，不管是正式的练习还是非正式的练习。等到时间允许了，针对其他目标的活动又会马上占据优先位置：回复 e-mail，跟踪世界大事，或者洗衣服，等等。冥想是关于“存在”的。而工作狂们会让“存在”变成“做事”，他们在进行慈爱冥想时总是在给自己施压。

工作狂需要从“脚踏车”上下来一段时间，让自己感受到这种快节奏生活方式带来的压力。每个人都会遇到这样的时刻，也许是在 50 岁生日之际，当医生说需要开始进行血压治疗的时候。对于“催促”（一种总是往前倾倒的感觉）的自我觉醒可以成为重新建立平衡的第一步。然后我们将关爱应用于静默沉思时涌现出的烦扰的情绪，比如焦虑、孤独或者对死亡的恐惧。面对这些潜伏在工作狂内心的恶魔时，自我同情是一种安全的处理方式。

工作狂会试图在规定时间之内达到摆脱痛苦的目标。一旦他们开始自我同情练习，应该尽力避免变得过于积极。他们需要在奋斗和休闲之间找到一个健康的平衡。

蝴蝶型的人

你会不会刚开始练习自我同情就厌倦了？蝴蝶型的人是指那些迷人的、热情的、能够很容易地投入到新想法中的人。他们是非常讨人喜欢的同伴，因为他们会把自己的全部注意力投入到别人身上，或者他们所处的情境当中。

蝴蝶们的问题之一是能否坚持。他们很难一直执行某项规划直到完成的那一刻，而且难以遵守向自己或者别人许下的诺言。在一生中，蝴蝶型的人会感觉自己在不断地从起点出发，在各种关系、事业，以及居住地之间不断地做横向运动。蝴蝶们很可能会从一个冥想练习迅速跳到另一个练习。就像在打井取水时，他们会在 10 个地方钻 10 尺，而不是在一个地方钻 100 尺。他们会为了广度而牺牲深度。

一只蝴蝶要想将自我同情练习坚持下去，最需要的是什么？首先，他需要体验到飞来飞去所付出的代价：焦虑、孤独和自我怀疑等等。期望一只蝴蝶专一地进行某种练习是不现实的。但是理解根本的原则，比如友善地跟自己谈话，同时不断变换具体的技巧，就可以让蝴蝶们长时间地投入到练习之中。来自志同道合者的支持，是能够帮助蝴蝶维持长时间练习的另一个因素。下一章中，我们会进一步阐述如何将一项练习坚持下去。

局外人

你是否感觉自己怎么也无法融入其中？有许多原因可以让一个人被边缘化：种族歧视、性别歧视、年龄歧视、嫌贫爱富、宗教狭隘、文化偏见，以及疾病或残疾等。你的家庭背景是否与你现在的生活环境格格不入？或许是因为你来自异国他乡，来自一个不同的经济阶层，或者你有一个艰难的童年？所有这一切，让你感觉自己像局外人一样。

成为一个局外人未必是一件坏事。生活在社会边缘的人往往对主流群体不成文的假设有一种特殊的洞察力。马丁·路德·金说过："几乎在所有时期，都是有创造力的、全心奉献的少数人让这个世界变得更好。"令人赞叹的音乐、文学、视觉艺术、最前沿的喜剧和社会评论都出自主流之外。另外，我们的物质主义价值观显然不是构成幸福的要素。

但是，与自己的文化相疏离的体验，会侵蚀我们基本的完整感。可以用水里的游鱼做比喻：鱼要呼吸和生存，就必须吸收水，让水流过自己的身体。我们就像鱼一样生活在文化的水里，当水被种族主义、性别歧视和年龄歧视所污染时，我们就会把这些偏见一并吸收进身体中。自我形象与塑造它的文化是不可分离的。

必须把社会和文化引发的痛苦识别出来，并用关怀的意识去包容。用悲痛来回应恐惧、愤怒和憎恨，只会让悲痛者更悲痛；用偏见来回应偏见，亦是如此。被外界所忽视的感觉会带来巨大的痛苦。厄瓜多尔作家胡安·蒙塔尔沃写道："没有什么比柔软的冷漠更尖厉。"如果你感觉自己像一个局外人，首先要在你感觉痛苦时注意到它，然后用自我同情来回应："愿我远离愤怒和恐惧""愿我能爱原原本本的自己。"

漂浮者

你是不是认为每个人说的都有道理，而很少坚持自己的主张？漂浮者们一般都是很随和的人。他们顺应潮流，很容易适应新的环境。他们尊重别人的观点，因为每种观点在一个特定的背景下都是正确。他们的生活似乎完全被随机性事件所主导，而不是个人目标或愿望。

在极端的情况下，漂浮者们可能会完全超脱，没有立场。对某些漂浮者来说，“随波逐流”是一种逃避艰难挑战的借口，结果只会使他们变得被动而没有方向。在自我同情练习中，当过去的情绪创伤浮出水面时，漂浮者们可能会偏离轨道。

对漂浮者来说，最大的挑战是确定目标：确认，相信，并追求内心最深处的信念。漂浮者在开始自我同情练习时应该问自己：“我内心的愿望是什么？在我生活中什么是真正重要的？”在内心深处坚持的价值观和目标能够帮我们克服一路上的重重困难。比如，一位女性如果内心拥有想要成为一位母亲的强烈愿望，就容易克服分娩的剧痛；当你十分需要钱的时候，糟糕的工作也变得可以容忍。

培养自我同情需要坚定的目标，因为它需要“逆势而动”。所谓的“势”，即是在事情出错时，总是想抗拒不适情绪的趋势，总是想责备自己的趋势。假若漂浮者已经对即时即地的觉醒十分熟练，那么一旦确立了坚定的目标，自我同情练习即可顺风远航。

道德主义者

当有人行为不端时，你是否会对他们愤愤不平？道德主义者对正确与错误非常敏感。他们在家长式的角色中会得到良好发展，比如法律执行者或者牧师等等，这些领域非常重视正确的行为举止和思想。道德主义者在制定清晰的标准和维护标准方面非常可靠。在政治动荡或者社会剧变的时期，道德主义者的心态往往会比较流行。

道德主义者用严格的道德规范要求自己和他人。当他们意识到，别人的生活一直在一种与他们完全不同的基准之下运行时，他们往往会大吃一惊。诗人乔治·赫伯特写道："世界上一半的人并不知道另一半是如何生活的。"当道德主义者察觉到别人的道德错误时，容易陷入"正义的愤怒"；当他们发现自己的缺点时，也会过分地批评自己。

在自我同情练习之中，道德主义者有必要放开对他人行为的关注，空出时间去发现自己身体中的义愤之情。停止义愤填膺并不是一种堕落，而是要正确地评估一下，有哪些东西才是将他人的行为向好的方向引导所必需的。比"非对即错"更温和的一种行为标准是：这种行为会增加痛苦还是会减少痛苦。

一个刚性的道德体系还会让我们看不见自己丑陋的部分，比如欲望、嫉妒、贪婪和自私，这会让它们变得难以控制。我们不时地会听到，哪个道貌岸然的政府官员又陷入了性丑闻中。当我们学会辨识自己身上的这些所有人都会有的倾向之后，我们就有机会让它们驶入更有利的方向，并不需要羞愧或否认。

最后，道德主义者们可能会认为自我同情就是自我放纵。这种理由还可以作为逃避自己人格中丑陋方面的一种方式：不知道就不会受到伤害。负面的感情，比如欲望、愤怒、嫉妒和贪婪等，必然会在自我同情练习的过程中突然显露，希望道德主义者能够放下自我评判，给自己足够的时间来应对它们。

外向性格者与内向性格者

你喜欢生活在自己的内心里，还是与他人相伴？"外向性格者"是指更喜欢别人的陪伴、不喜欢自己独处的人。他们比较喜欢交际，而且通常都比较快乐。外向性格者喜欢表演、政治演讲、社会网络和管理等活动。他们往往能够迅速反应，随机应变。他们在独处的时候会变得焦躁不安，而且比较难注意到自己的心理问题和心理需求。

相反，“内向性格者”喜欢生活在自己内心。他们更喜欢一个人的职业，比如写作、艺术和科学等。内向性格者在社交聚会上很容易疲劳，因为他们会受到过多的刺激。内向性格者并不一定会害羞，或者害怕被别人批评，他们只是更喜欢与自己相处。他们在说话之前往往会反复思考自己要说的话。研究表明，基因和大脑的区别可能是导致内向者和外向者性格差异的部分原因。

外向性格者看上去可能并不适合进行像冥想这样带有沉思性质的练习。但是，我们大部分人都只是落在内向和外向之间的一段连接区域上——我们喜欢别人的陪伴，也会享受一个人的时光。自我同情练习，特别是慈爱练习，同时包含适合内向者和外向者的东西，因为它既涉及独处，又涉及人际关系。

对外向性格者而言，最大的挑战是，独坐时可能会浑身不自在。所以应该鼓励外向者进行非正式的练习：在白天，有别人陪伴的时候进行练习，而不是被拴在一个地方。例如，可以通过步行慈爱冥想培养与他人的联系感。当练习慈爱格言时，外向者还可以着重强调“我们”，而不是“我”，以增强与他人的联系感：“愿我们能够幸福，远离痛苦。”如果你是一位外向者，并且想进行正式的端坐冥想，那么当不适的感情浮现时，就可以通过标注来处理空虚、烦躁和焦虑等负面情绪。

对内向性格者而言，慈爱冥想最大的挑战恰好相反：内向者需要调整自己对人际关系的适应能力，使自己在不同的深度下都能感觉很舒服。对内向者而言，私密的冥想很容易进行，他们应该警惕，不要利用这种练习来逃避社交接触。有些内向者发现，在公共场合下，当他们将慈爱施与房间中的其他人时，冥想练习能够减轻他们的压力。内向者和外向者的目标都是：在独处和与他人相伴之间维持一种健康的平衡，在私密和公共的场合都能舒适自在。

要觉醒，人必须过五关

在知道了自己的人格类型之后，如果对每个人在自我觉醒之路上都会遇到的五种心理“障碍”有所了解，也会对你有一定益处。这五道障碍，也就是五道关口，它们分别是：贪婪、反感、厌倦、躁动和怀疑。对不同的人，容易受困的陷阱也不同。例如，照顾者容易遭遇贪婪，道德主义者容易遭遇反感，漂浮者容易遭遇厌倦，工作狂容易遭遇躁动，而理智者则容易出现怀疑。这些障碍可能会在任何时候突然出现，而我们可以标注它们：“哦，这是固执”“嗯，这是怀疑”。一旦对之进行了标注，随后它们就会逐渐消退。我们并不是要试图战胜这些障碍，而是要接受它们的存在，并且有技巧地去处理它们。

开始时，假设你在此时、此刻、此地没有任何痛苦。让一种幸福安宁感作为练习的背景。然后，当“场中的扰动”出现时，问一下自己正在发生的可能是哪一种障碍。用自我觉醒和慈爱去应对这种障碍，而不是试图将其赶走。

贪婪

我们会本能地想要抓住快乐，还有那些希望能给自己带来快乐的东西。如果我们没有得到自己想要的，我们就会失望。例如，想象一下，如果你听说自己最喜欢的音乐家要在附近的一个镇上演出，结果却发现票已经卖光了，你会有怎样的感觉？一种甚至在以前都没有存在过的欲望，会让你陷入失望之中。

我们总是会紧紧抱住自己已有的东西，如果失去了，就会感觉伤心。如果你曾经有一杯爽口的冰激凌，就会希望永远享有这种味道。当你吃完以后，就会感觉失望。

试图抓住（未得到的）和紧紧抱住（已得到的）是表达欲望的相似方式。佛陀曾言，欲望就像借贷，需要用愉悦尽尝之后的疏离和失落来偿还。欲望本身并没有什么问题，只有在我们成为欲望的奴隶之后，痛苦才会到来。我们需要放松自己抓紧欲望的双手。

我们应该特别警惕，不要过度地沉迷于自我同情练习中出现的愉悦感情。如果你紧紧抓住关爱和快乐不放，你的练习只会变得令人沮丧，而不会鼓舞人心。愉悦的感情会出现，继而消失，就像日夜交替一样自然。为了抵挡紧紧抓住愉悦感情不放的障碍，你可以返回到练习之中，培养对自己的美好意愿，不管自己内心出现怎样的感情。当你失望时，练习自我同情——因为你感觉到了失望。

反感

这本书主要就是关于如何战胜反感的。描述反感的其他词汇还有“逃避”“抗拒”“纠结”“厌恶”和“怨恨”等。厌恶是我们对烦扰情绪产生的本能感情。我们可以对某种内心状态产生反感，比如焦虑或抑郁；也可以对某种外部目标产生反感，比如撕裂的伤口或腐败的食物；或者对其他人或自己，以愤怒或者恐惧的形式出现。佛陀将反感称之为一种“病症”，因为它会摧毁我们的健康。他提出的解药正是慈爱。

反感会让我们无法看清烦扰我们的东西，无法理解，也无法有技巧地去应对。当反感被指向自己时，我们就会丧失原谅和宽慰自己的能力。莎伦·萨兹伯格建议我们，要以第一次见到愤怒和反感的火星人的视角来看待它们：“这是什么？！”好奇是克服反感的第一个阶段。下一个阶段，如第一章所说，是“容忍”“放任”和“友好”。我们可以从对折磨自己的东西抱有胆怯和好奇开始，逐渐过渡到重视和尊重。对自己身上令人羞愧的、丑陋的部分也是如此。自我关怀给我们一个机会，让我们对烦扰自己的东西能够获得更多的了解，并最终将其放下。

厌倦

这种障碍也被称为“头脑迟钝”“精神怠惰”“懒散”“麻木”或者“无聊”，它指的是对自我同情练习缺乏兴趣。厌倦的反面是，一个小孩子在第一次遇见某种好玩儿的东西时，产生的愉悦感。

有没有可能让自我同情练习一直像开始时一样有趣？当你第一次意识到它真正的前景时，可能双眼都湿润了。虽然不太可能一直这样持续下去，但是记住当初自己为什么开始练习，是对你很有好处的。你开始练习的理由很可能是“为了感觉好一点！”然后在练习之路的某一点上，你可能会忘了自己的目的，开始机械地进行练习。比如这样的内心场景："我要去上班了……先好好冥想吧……精神不能集中……还有10分钟……"

当你坐下时，看一下是否真的能够让自己快乐，并远离痛苦。当不适出现时，用觉知和关爱迎接它，然后放开它。如果你正在进行慈爱练习，品味那些词句的真正含义，并提醒自己练习的真正目标：自己。记得给自己关爱和同情的体验，不管你已经多么熟练。几乎没有人能够抗拒真心关爱的吸引力。

当练习过于重复时，厌倦就可能会向练习者袭来。就像所有的冥想一样，自我同情的技艺中也包含重复的元素。但是，这些不是冥想的全部，它是一个有活力的过程，你可以按照有独创性的顺序练习单焦点觉知、开放范围性觉知，以及慈爱的技巧，并让它们有机地结合起来。可以将自己想象为一位在波涛汹涌的大海上航行的船长，需要不时地调整航向。对每一刻出现的情况都要随时保持高度警惕，并充分利用它们。如果你设为自动航行状态，可能会陷入无聊之中，并且让航行变得艰难。

躁　动

躁动也被称为"焦躁不安""悔恨"或者"焦虑"。它指的是对事情目前的情况不满意，急切地想要走向别的地方，甚至是随便什么地方。佛陀将躁动称之为一位永远不会满意的、专横的老板。对过去的悔恨或者对将来的担忧让练习者无法从躁动的状态中解脱出来。

有许多种方法可以平息躁动。第一步需要带着最少的懊悔去生活。如果你在身后留下了一连串的痛苦，就会迫切地想要一直往前跑。善意的行动并不会让你免于不公正的对待，"好心未必有好报”，但是如果你给别人带去了快乐，在这一天结束时，你也会感觉心灵更加平静。

减少焦躁的另外一种方法是：享受当下的时光。一位冥想教练，阿迦·布拉马瓦穆索曾经说过：“最快的进步……发生在那些对自己现在所处的阶段十分满意的人身上。这种满足感深化、成熟之后，便进入了下一个阶段。”如果当下的时光并不令人愉悦，我们如何才能在此时此刻感受到满足？与其对着未来做白日梦，倒不如将自己锚泊在当下，通过明确地标注自己的感情——“急迫”“焦躁不安”“焦虑”等等，软化身体中体验到的躁动。焦躁的双腿？紧咬的牙齿？当我们不再对焦躁有反应时，更底层的感情就会显露出来，比如对被遗忘或被离弃的恐惧。一旦我们接触到焦躁带来的不适，或者它底层的痛苦，同情就会自然地流出来。而躁动的心感受到真诚的关爱之后，就会平静下来。

怀　疑

最后一种障碍——怀疑，指的是对练习本身或者自己完成练习的能力存有疑问。当思维忙于怀疑的时候，就不能体验到同情或者慈爱。怀疑会浪费大量的时间和精力。

大多数学生向他们的冥想教练提出的问题都会带有怀疑的色彩。例如，“如果仅仅只是接受自己当下的情绪，就真的会有进步吗？”教练带着同情心倾听学生们的体验，并肯定那些积极的改变，一般都会让学生们感觉不再那么孤独，并且更加乐观。佛陀说，怀疑就像迷失在一片沙漠里。每个学生都会时不时地迷失在自己特殊的体验之中，需要某个人或某种事物将其带回到更广阔的背景下。佛教心理学就是这样一种路标，已经指导学生们 2500

多年了。

学生也可以记录下自己的进展，看一看练习是否真的有效。自从你开始自我同情练习之后，有没有体验过意料之外的愉悦时刻？你头脑中的对话有没有变得更加温和？你对别人的苦难有没有变得更加同情？以前关系中的冲突有没有开始缓解？

其实，觉醒之路就是一条寻找自我之路

自我觉醒和自我同情练习将会逐渐重塑你的人格。这表示你通常处理问题时不会再像以前那样无意识，对于出现的情况你将能自由地选择做出何种反应。别人会说你变了，而你可能只是感觉越来越像自己了。

概括而言，内心改变的第一步是，对自己正在经历的情绪不适保持自我觉醒；第二步就是自我同情。这就是舒缓情绪痛苦所需要的主要内容。通过坚持不懈地练习，你将会培养出一种习惯，能够察觉到自己情绪场中的不安，而且甚至在自己都没有察觉到的情况下，使心态和注意力发生转变。这正是在与自己建立一种新的关系，就像有一位关爱的同伴每时每刻都陪在你身边。

如果你一直都在躲避痛苦，你就会一直痛苦

生活中总会有一些时候，需要通过有意的计划来处理烦扰的情绪。下面的四步——F-A-C-E——可以帮助你迎接这样的挑战。

1. 感知痛苦（Feel-F）。

2. 接受痛苦（Accept-A）。

3. 用同情心去回应（Compassion-C）。

4. 期待有技巧的行动（Expect-E）。

第一步，感知痛苦，指的是自我觉醒：在你体验到什么的时候，知道你正在体验的是什么。如果你一直躲避痛苦，就无法处理痛苦。对痛苦的自我觉醒，意味着我们切实地感受到它。

第二步，接受痛苦，指的是主动、客观地去接纳即时即地的体验。接受，能够扭转抵抗不适的冲动，也就能避免情况变得更坏。

有大量方法可以用于迎接情绪困难（第一步）和接受情绪困难（第二步）。这本书中强调的一些技巧，包括软化、放任和标注，都在第二章和第三章中描述过。“软化”指的是接受压力在身体中的体现。“放任”指的是接受不适的情绪体验——任其保持原本的样子，自由来去。“标注”，或者说为我们的情绪定名，能够帮助我们从中脱离出来。

第三步，用同情心去回应，意思是见证自己的痛苦，并用关怀和理解去回应。你可以使用慈爱格言，或者用在第五章中提到的任何其他能够通向自我同情的方法。我们经受的痛苦越多，需要的自我同情也越多，但是有时候这是最容易忘记的一步。

第四步，期待有技巧的行动。这一步指的是，当你进入了自我觉醒和自我同情的境界时，你将会处于正确的心理模式下，可以解决最难对付的问题，比如从某种被虐待的关系中脱离出来，或者换一个新的工作，或者放开自己的怨恨，并接受别人的缺点，也许你会想要向谁道歉，并请求对方的原谅。行动的选择不受任何规则限制。

接受痛苦，我们才能从痛苦中解脱

本书第一章中描述的情形都源自于对情绪痛苦的抗拒。例如，米拉在做瑜伽时患上了腰间盘突出。这不仅给米拉带来了身体上的疼痛，更严重的是，它标志着米拉可能不得不终结她充满活力的生活方式。这对米拉而言是一个难以承受的结果，所以她对这个问题一直耿耿于怀，为自己的厄运深深自责，并且减少了运动量，这使得她的肌肉更加绷紧，疼痛变得越发严重。在米拉认识到与自己的境况战斗只会让它变得更坏之后，她才走上了康复之路。她的进展从上面的第一步开始：感受疼痛，而不是试图抗拒它；然后到第二步：坦然接受发生在自己身上的事情；再到第三步：不再从情绪上打击自己；最后到第四步：理智地通过按摩治疗和适度运动来照顾自己。

失眠治疗也遵循类似的途径，假设你已经排除了失眠的身体原因和环境原因。不要再整夜思量失眠的后果，因为这只会让你的神经系统保持高度的警醒，你需要在思量的同时认识到自己的情绪痛苦有多严重（第一步），然后你坦然接受失眠是你无法打赢的一场战斗（第二步），并且用关怀来回应它（第三步）。一位朋友曾经讲述过这样一件事情："有一次我的妻子因为感冒在我身边不停地来回翻身，当我不再期望她安静下来之后，我开始按摩自己的头，起身读了一会儿杂志，然后，理所当然地，在 5 分钟之内很快就睡着了。如果我一直纠结不停，可能会躺在床上处于苦恼和怨恨之中，好几个小时都睡不着。"他对境况的接受引发了自我同情的反应——揉自己的脑袋，这最终让他进入了梦乡。

如果你接受了自己的失眠之后，仍然难以入睡，可能是因为头脑一直被过于兴奋的思绪所困。这时你应该将自己的注意力驶入到不那么有活力的主题上。有这样一种练习：简单地去感知每一次呼气的感觉（对呼吸的自我觉醒），并且在每一次呼气时默诵一句慈爱格言。这些慈爱格言将会让你的抗争缓和下来，而一次次地重复这种心理练习的枯燥感将会帮你渐渐飘入梦乡。你是在为了这种练习本身而练习，而不是在试图通过做这种练习入睡，后者只会让自己一直烦躁不安。

调节怯场也可以沿循类似的轨迹。放任自己的焦虑，感知它在身体中的体现。怯场只是人类在向众多陌生人讲话时的一种自然反应。因为自己正处于这种不适的位置，所以要给自己一些关爱；然后，就可以重新把注意力集中在自己要说的话上。让自己全身心地投入到遣词造句这项任务上，就能够将忧心忡忡的“自我”移走。

与之相同，处理烦扰的人际关系则需要我们首先面对自己的情绪伤痛，确认自己的感情，然后带着关怀和理解去倾听别人的话。我们都有自己脆弱的地方，它们会将我们从别人身边拉开。在第一章中提到的关于迈克尔和苏珊的一段插曲中，他们见证了自己的脆弱点如何将他们拉远（迈克尔以一个工作狂的方式忙于事业，而苏珊则以对他们婚姻的恐慌作为回应）。他们感受到相互疏离带来的痛苦，最后，他们通过面对这份痛苦，并将其看作是彼此想要更加亲近的信号，从而走出了危机。很多时候，妻子的抱怨实际上是希望能够与丈夫更亲近，如果我们不明白这一点，不愿意去面对抱怨，结果就会在拉大距离的过程中分道扬镳。

接受痛苦，我们才能从痛苦中解脱；承认内心的恐惧，我们才不会恐惧。接受自己的体验，将想法只看作是单纯的想法，关心照顾自己，最后才能找到生活的平衡。在美国戒酒协会里，人们经常会看到这样的场景：当一个人快要成功戒酒之前，总是会在聚会上当众说道："我叫 ×××，我是一个酒鬼。"承认自己是一个酒鬼，并接受这个事实，不隐瞒，也不抗拒，这样一来，他便能够彻底摆脱酒瘾。相反，如果逃避或抗拒自己酗酒的事实，甚至沉浸在羞愧之中，人就会故态复萌，很难走出困境。

觉知性自我同情冥想

有时候我们需要一段时间的"暂停"，让自己从日常生活的机械化思维和情绪中解脱出来。下面的冥想是我在自己的生活中练习的，我也会将它介绍给那些心慌意乱的病人。在你熟练之后，它每次只需要 5 分钟。如果你愿意的话，你也可以将其延长到 30~45 分钟。

试着做：觉知性自我同情冥想

⋆ 在一个舒适的地方坐下，闭上眼睛，深呼吸三次，让自己放松下来。

⋆ 将自己的意识扩展到周围的声音上。通过简单地倾听溜进你耳朵里的声音，让自己进入到当下的现实中。

⋆ 在脑海中形成自己坐在座位中的形象。注意一下自己的姿势，就像正在从外面观察自己一样。

⋆ 然后，将意识集中到自己的身体之中。注意此时此刻正在身体中发生的感觉世界。

★ 现在，从你身体中体现最明显的地方感知你的呼吸。特别关注每一次呼气（如果有其他的锚让你感觉更舒服，也可以使用）。

★ 将意识的焦点从呼气转移到慈爱格言上。在接下来的几分钟里，慢慢地重复这些格言，间或返回到自己在座位中的形象上。

★ 慢慢睁开眼睛。

正视冥想中的情绪痛苦

下面的例子将会说明，我们在冥想中可以通过自我觉醒和自我同情，与自己和自己生活的世界建立一种新的关系。

娜塔莎是一位家庭医师，32 岁，单身，她最近开始进行自我觉醒冥想，想帮助自己放松。以前她的父母一直努力工作，拼命地想让她成为一位成功的医生。娜塔莎也被教会了把成就看得很重，就像他们一样。这也就意味着，她很少把时间花在社交或者休闲活动上。但这些对娜塔莎来说一直无关紧要，直到最近，娜塔莎发现她的好朋友已经结了婚，并且有了自己的孩子。娜塔莎突然觉得有点儿累了。

一开始，自我觉醒冥想对娜塔莎很管用。特别是她每天早上都练习把注意力集中在自己的呼吸上，持续半个小时。这项练习给她带来了很好的镇静效果。另外，她还练习一整天都保持觉知的呼吸。但是，几个月以后，娜塔莎注意到，把注意力集中在自己的呼吸上会让她很焦虑。她担心呼吸冥想对她不再有效果了，甚至会让情况更糟糕。有时候娜塔莎发现自己会在冥想中深呼吸，这表示她渴望新鲜的空气。

娜塔莎向她的冥想教练咨询。教练告诉她，她对自己的呼吸抓得太紧了，应该将意识扩展到身体中正在发生的其他感觉上。这样确实给她带来了帮助，而且娜塔莎发现，每当她重新返回到呼吸上时，呼吸又变回了她的庇护所。她将这些经验牢记在心，并把自己的非正式练习扩展开来，比如把脚掌在地板上的触觉包括进来。

为了让自己的练习更加深入，娜塔莎决定进行一次安静的、为期一周的静修。她选择了自我觉醒与慈爱的结合冥想。在前三天里，娜塔莎每天早上在5:15醒来，然后勤奋地坚持练习冥想，每一次持续40分钟。然后她得知，与教练的会面被安排在从第四天开始。令娜塔莎十分惊讶的是，她发现自己害怕与教练会面："教练会认为我是一个好的冥想者吗？她会喜欢我吗？"娜塔莎继续冥想，希望恐惧能够消退。但她越是坚持不懈地冥想，情况变得越糟糕。

与恐惧的斗争让娜塔莎既绝望又疲惫。第四天早上，她拖着沉重的身体到了冥想中心。上午的冥想指导是关于慈爱冥想的，特别是对自己的慈爱。当娜塔莎坐下开始练习时，下面的念头就像神启一样地闪现在她的脑海中："我不一定要集中精神，不一定要自我觉醒，我也不需要更加努力，我甚至不需要镇静下来……关爱自己就是我需要做的一切，因为我正处于如此痛苦的状态！"娜塔莎不再用自己的呼吸作为冥想的锚，而是转移到慈爱格言上。当她开始沉思即将到来的会面时，她对自己说："愿我平安。愿我远离恐惧。愿我能闲适地生活。"她的身体放松了下来，而且她发现一行眼泪顺着自己的脸庞滑下。她的教练如何看她，甚至她如何看待自己，都不再重要了——她只要做好自己就可以了。

当天中午休息的时候，娜塔莎在心里问自己，为什么她会对这次会面如此恐惧。因为冥想会面的目的毕竟只是为了支持和帮助，而不是去评判。娜塔莎最后得出结论，是因为她是一位完美主义者——总是在批评自己不够好。她的父母极力想让她成功，经济上独立可靠。不管她的成绩单上得到了多少个“A”，父母都不会有一点点放松。为了避免失败的下场，她必须一刻都不松懈地努力奋斗，娜塔莎已经将这样的信息内化为自己的一部分。

娜塔莎决定，到了该换一种生活方式的时候了，她要过自己的生活。她几乎想不起来自己上次度假是什么时候。

她害怕的会面最后终于到来了，娜塔莎将前几天发生的一切都告诉了教练。教练建议她培养“对此时此刻的偏爱”。当下的现实永远可以作为奋斗中的迷你假期——因为“当下”不包含任何“未来”，也就没有多少忧虑。娜塔莎将这些话记在了心里，跳过端坐冥想的阶段，直接开始在森林中散步，倾听鸟儿的声音，呼吸泥土的气息。她一边散步，一边对自己说：“愿我平安。愿我幸福。就在此刻，这美妙的时刻。”

当娜塔莎返回到她的端坐冥想时，将慈爱融进了之前的自我觉醒练习之中。她利用自己的呼吸来平息烦乱的思绪。如果感觉到呼吸变得急促，就将意识向身体的感觉敞开；如果感觉心神不宁或者要被淹没，就使用慈爱格言。娜塔莎学会了以一种全新的、更加关爱的方式栖居在自己的身体之中。

在静修期剩余的时间里，娜塔莎对“贪求”（对镇静）和“反感”（对恐惧）两种障碍一直保持着警惕。当她滑入“工作狂”或者“完美主义者”模式的时候就会自己识别出来。在“奋斗”出现的时候，她会将其标注。另外，娜塔莎还发掘出自己停止奋斗之后潜藏在更深层的感情——孤独、恐惧以及空虚，她也将关怀的意识带给了这些感情。娜塔莎在她的静修期中学会了如何放任每一刻保持原本的样子——仅仅通过简单地坐着。

回到工作之中以后，娜塔莎惊讶地注意到，她在见到自己的病人时有多么高兴，在倾听他们的诉说时是多么关心。她将一层看不见的挣扎（挣扎着想要获得认可）卸了下来，而且能够更加轻松地与别人相处。另外，娜塔莎还发现，自己对父母，对他们在抚养自己长大的过程中所经历的种种困难，变得更加同情和理解了。她在自己身上找到了他们的影子，明白了他们在不知不觉中传递给她的痛苦。娜塔莎下决心，如果她十分幸运地有了自己的孩子，一定不要再将同样的、对成就的挣扎传递给孩子。

仅仅在日常生活中，娜塔莎就完成了人格的转变。由于没有平常的事情分散注意力，静修能够在一个相对较短的时间内带来更深层次的改变。在娜塔莎的案例中，她见证了自己对恐惧的过度敏感是如何将焦虑放大的。能够帮助娜塔莎的唯一途径就是自我同情。它让她领悟到了更深层的东西，比如潜在的缺陷感，还有她的恐惧：自己如果退缩或者失败之后，会不会被遗弃，会不会变得没有任何人可以依靠。在娜塔莎用慈爱肯定了自己之后，她就不再那么渴望别人的认可了。娜塔莎体验到了完全未曾预料到的与他人的联系感，包括她的病人以及她的父母。开始时只是为了减压的练习逐渐演变为一种全新的、更富有同情心的生活方式。

现在，你已经掌握了培养自我同情的基本概念和工具。当然，最大的挑战是如何练习它们。每天的生活中有那么多紧迫的烦恼和责任，所以自我同情很容易被忘记。那么，将练习坚持下去需要的是什么呢？下一章，也是最后一章，将会告诉你该怎样做。

第9章

为了改变，我们需要不断接纳原来的自己

痛苦不会“从”生活中消失，而是消失“进”生活里。

——巴里·马吉德，心理学家

如果你觉得很难衡量自己在自我同情之路上进步的程度，这是对的。因为这种练习就像是一个悖论：为了改变，我们反而需要越来越多地接受原来的自己，包括负面的感情和其他一切。既然我们衡量进步的一般标准是感觉变好一些，那么，当我们在正确的轨道上时，我们又如何知道呢？例如，通过自我同情，负面的感情也可以成为正面的信号——也许你正在将自己敞开，因为你有信心和能力来处理它们了；如果你正在因自我责备而沮丧，也许恰恰是这个时候，你终于进入了对内心唠叨的觉知状态；如果你感觉自己是个毫无希望的可怜人，没有任何自我同情心，也

许这正反映出你想要对自己好一点的愿望。

最痛苦的时候，恰恰是最有希望的时候。

这一章我们将探究所谓的“进步”到底指的是什么，并且提供一些关于如何确认进步的建议。

如果你跌倒了100次，那就把自己扶起来101次

自我同情提供了一种全新的处理生活体验的方法：我们安然地坐在自己不适的情绪中间，一边平息抚慰自己，一边让它们按部就班地运行。我们用深厚的关怀去照料自己，特别是在我们的境况似乎毫无希望的时候，这就是自我同情。

核心的问题是：“我是否在用越来越多的关怀和理解来迎接自己的生活体验？”更确切地说，当事情出错时，你有没有始终坚持用关怀的方式来对待自己？当你感觉难过、悲伤、渴望或者暴怒的时候，有没有安慰、照顾自己？当你遭遇失败的时候，有没有对自己抱以同情？如果你已经跌倒了 100 次，愿不愿意把自己扶起来 101 次？自我关怀有没有逐渐变成一种新的生活方式？我的一位病人曾经提到：“在热水澡中多待两分钟，也是让整个生命都停留在温暖之中的一小步。”另一个人在经过一年的专注练习之后说：“练习是我自己的事情。现在已经有效果了。我了解了感情，它是我的一部分。”

你在这次尝试中不可能会失败。每天的生活都会为你提供新的机会，让你能够用关怀面对痛苦，而每一次你这么做，都是一次成功。这样的时刻堆叠，可以构筑你的一生。另外，生来就具

有企盼幸福、远离痛苦的需求，为你的练习提供了足够的支撑。天性的愿望和自我同情中自我奖励的特点相结合，将会让你一直前进下去。

自我同情有三个阶段：迷恋、幻灭和真正的接受

每个人都是为了感觉好一点儿，才开始自我同情练习的，虽然这是很自然的事情，但是，在本质上却是一个错误的程序，因为它会让我们与事情本来的方式相抗争，不会带来任何好处。最终我们会放弃这种过程，转移到一种更深刻的理解方式上。

自我同情会经历三个截然不同的阶段——迷恋、幻灭，以及真正地接受，它们在你为自我同情本身而练习时达到顶峰。

迷　恋

我在介绍慈爱格言的时候常常会这样说：“如果你感觉闭上眼睛比较舒服，可以闭上。我会说几句格言，你可以在脑海中重复几次，并且这一星期都让它们伴随你。在情况变坏的时候，它们可以改变你对待自己的方式，从而让你感觉好一些。”然后我会慢慢重复下面的慈爱格言两到三次：“愿我平安。愿我幸福。愿我康健。愿我舒适安闲。”那些长时间以来一直在与自己斗争的人们会被这些格言所吸引，就像蜜蜂被花蜜吸引一样。他们爱上了这些格言。如果这些练习注定要给一个人的生活带来影响深远的改变，经常会见到他的眼泪滑下。泪水标志着一个结束挣扎的过程正式开始。

坦尼娅就是这样一个人，她是一位57岁的杂志编辑，已经深受严重的失眠困扰整整二十年了。先前坦尼娅曾经给了我三张打印出来的纸页，上面列出了她曾经尝试过的所有失眠治疗。她现在已经不敢想象像这样再生活三四十年会怎样。在她请求我提供帮助之前的三次会面中，我都在听她讲自己的故事。然后我跟她分享了我的慈爱格言，一天以后，坦尼娅给我发了这样的e-mail：

> 昨天，我头脑中装着那些格言离开了你的办公室。我把车停在我先生的公司那儿，然后沿着查尔斯河往家走。树上的叶子和草丛都是那样青绿，闪耀着光芒，像波浪一样不可思议地起伏舞动着。一切都是如此鲜活。我停下脚步，看着那群小鹅，一只海鸥飞过来抓起了一条鱼儿。空气的温度几乎完美，虽然从厚重的云层中透过的光线有些暗淡。当我到家的时候，我从一个与以往完全不同的角度观察着我的新家。我辛勤工作的成果都在闪闪发光。建筑结构上的角度和弧线都清晰地呈现在我的眼前，好像我刚刚领悟到它的美丽一样。我煮了晚饭，第一次享受住在这座房子里的美妙时光。我先生到家之后，我们一起享用了晚餐，我们之间的氛围舒适而安宁。然后我上床睡觉……几乎整个夜晚我都睡得很好，仅仅醒来两次。

坦尼娅的睡眠状况在接下来的5个星期内戏剧性地好转了。虽然像这样强烈的醒悟比较罕见，但它反映出当我们第一次彻底放开，并且接受自己的时候，能够体会到的醍醐灌顶的感觉。

但是，自我同情的迷恋阶段最终还是会结束，因为它只是建立在“感觉好一些”的狭隘愿望之上。就像所有的恋爱关系一样，一些不愉快终究会闯进来，戳破迷恋的泡泡。但是，一些重要的基础已经被打下。令人陶醉的关爱自己的体验，不再与自己原本的方式相抗争的体验，让我们相信，那些看上去难以应付的情绪问题确实可以成功解决。

幻 灭

当练习不再起作用的时候，幻灭就会袭来。可以在一个更宽广的框架下来解释它，冥想教练罗德尼·史密斯简洁地解释道：“所有的技巧都注定要失败！”这是因为使用“技巧”的目的是为了感觉愉悦，而想要长久地感觉愉悦，唯一的方法却是要放弃对感觉愉悦的努力。因此，所有的技巧本质上都是错误的。更确切地说，我们底层的动机是错误的，如果想要自我同情练习继续有效，就必须逐渐地转变这种动机。

虽然一开始幻灭阶段让我有些迷惑，身为练习者和心理医师都是如此，但是之后我学会了欢迎它的到来。幻灭既是一次机会，也是一场危机。例如，在坦尼娅经过了五个星期令她神清气爽的睡眠之后，终于迎来了一个糟糕的夜晚。连续三个晚上，恐慌一共袭击了她 14 次。试图感觉好一点儿的旧习惯遮掩了她想要给自己关怀的开放态度。我提醒坦尼娅，这样奋力地试图入睡已经让她痛苦不堪地失眠了 20 年，我们不能让她的失望和恐慌，再造成这样地狱般的又一个 20 年。问题在于“你练习自我同情是为了入睡，还是因为自己的痛苦？如果你只是利用它来入睡，它必然会失败；如果你只是在内心充满恐惧和绝望的时候关爱自己，它就会成功”。

幻灭阶段并不开心。另一封 e-mail 带来了坦尼娅在幻灭之中的挣扎：

> 但是我感觉很生气……我也不确定是因为谁，或者什么原因。我只是感觉非常非常生气，以至于我都不太相信我的身体能睡着了。这让我对未来不是很乐观，然后我感觉更生气了。那么好吧，我将会尝试着不再做任何尝试了，就随它去吧。

如果我们从问题的背后解决问题的话，幻灭阶段可以从一次“回返”变成一次“前行”——向前更进一步。

我常常会告诉处于幻灭阶段的病人，对他们成果的衡量并不是从这一周到下一周他们焦虑或者抑郁的程度变得怎么样，而是他们接受这种感觉的意愿有没有增长。“接受”是比随机波动的情绪更可靠的标尺，因为它是我们的意识能够控制的唯一因素。在坦尼娅的案例中，问题很明确：你愿意在晚上醒着的程度有多深？自我同情能不能帮你接受失眠？

你在多大程度上接受了失眠，你的失眠状态就减轻了多少。

真正地接受

真正接受是练习自然成熟的阶段，不能强迫到达。它包含一定的智慧，以及必不可少的关怀。当我们达到真正接受的阶段时，会从一个深入的、直觉的层面上意识到，与自己对抗就是在浪费精力，而最理智的选择是彻底放开。在真正接受的阶段，接受和自我同情可以在一瞬间显现，常常只带有很少的觉知意识。我的一位病人曾经受到严重的害羞困扰，现在每当强烈的焦虑涌上来时，他就会听到自己在说："不要跟它斗争！"逃避不适的本能反应可能还在幕后的某处徘徊不去，但是我们已经识破了它。我们只是为了关怀本身而关怀自己。

真正接受的阶段还能体验到共通的人性。我们不会因为自己的个人特质而产生隔离感。我们会有这样的感觉：不管有什么在折磨着我们，在这世界上的某处很可能有某个人，也处在同样的困境之中，以同样的方式挣扎着。可以用布伦达（见第一章）的例子来说明，她说："扎克的离去所带来的痛苦，把我跟人类有史以来所有失去孩子的母亲联系在了一起。"这些痛苦可能是童年时期的创伤，让自己十分容易陷入恐惧；或者是注意力缺乏症，让自己难以将承诺坚持下去；也可能是社交中因为过于肥胖所受的侮辱，让我们羞愧地躲藏。不管它是什么，我们都不是孤身一人在承受着。

在坦尼娅真正接受的阶段，她回忆起，小时候因为母亲在情感上很漠然，而继父又十分可怕而残暴，所以她只能自己照顾自己。在那段时间里，坦尼娅只能一直小心翼翼地，让自己不被大人看见，才能保证安全。对她来说，有个人需求简直是禁忌，而且如果被看到就会有很大的危险，因为她很可能会成为继父的攻击目标。成年的坦尼娅仍然生活在恐惧之中，害怕有什么厄运会随时降临到自己身上。她洞察到自己的恐惧和担忧是如何产生的，并且认识到她必须好好照顾自己——以一种小时候从来没有学到的方式。这些都帮助坦尼娅在一定程度上放下了对失眠的抵抗。她甚至开始看到了欢迎失眠带来的好处：这是她强化自我同情新习惯的最好机会，而且能帮助她进入梦乡。

自我同情的三个阶段——迷恋、幻灭和真正接受，这种阶段划分方法也适用于任何良好的长期关系。首先我们与自己建立联系，就像与新的爱人建立关系。然后我们发现，我们并不能免于生活的痛苦，而且我们必须调整自己以适应生活的状况。最后，我们变得对自己十分了解，并且能接受自己无法改变的东西，同时认识到必须有技巧地处理自己拥有的东西。这种演变是一种有意的改进，从总是冀望事情以一种特定的方式发展，转变为理智和坦然接受。

这三个阶段与从“治愈”向“关心”的转变也是相一致的。在迷恋阶段，我们抱着潜在的愿望，希望能够治愈折磨自己的伤口。而幻灭阶段让这个过程戛然而止。在真正接受阶段，我们开始关心自己，因为生活是如此艰难，用慈悲来应对似乎才是最明智的选择。

目标像一只钢笔，你不能抓得太紧，也不能抓得太松

我们的意愿非常难以捉摸，甚至在我们意识到自己的意愿，并且做出行动之前，它们就已经在大脑中形成。从神经学上讲，我们唯一能做出的选择只有停止已经起程的意愿，前提是如果我们能足够早地意识到自己脑海中发生的事情。

为了让生活向我们希望的方向前进，强化那些对自己最重要的计划和目标会对我们有所帮助。通常我们都处于自动驾驶模式，依循着隐藏的行动计划，由根据基因预先设定好的、受限的人格

来安排。例如，内向性格者可能会将大量的时间用于逃避他人，照顾者可能会通过帮助别人来安慰自己，而独侠客则可能会偷偷地试图通过自己的自立自强获得别人的崇拜。这些行动计划占去了我们生命的大部分时间，但可能并不是我们真正想做的。

心理学家史蒂文·海斯和同事们建立了一种基于核心价值和目标的心理治疗模式。一份令人满意的生活应该是：我们潜心追求对我们最有意义的事情，用自我觉醒和接受来面对一路遭遇的障碍。你的核心目标是什么？你想为什么而努力奋斗？你在健康、财富、人际关系、工作和精神方面的基本期望是什么？从根本上讲，你希望你的孩子幸福快乐，还是希望他们富有？你有没有希望自己长命百岁？在你的葬礼上，你想得到怎样的悼词？

也许你想要花一点时间，好好考虑一下这些问题。当我们不再每次都需要有意地去选择时，我们的目标可以变得更强烈。

找出自己内心意图的方法之一是，看一下自己已经在做的事情。贯穿你生活的那根红线是什么？相对于事业，你是否更看重家庭？相对于身体的兴奋，你是否更喜欢精神的快乐？相对于一个人的活动，你是否更喜欢跟许多人在一起？

我们大多数人可能会与自己的目标背道而驰。我们重视健康，却驱使自己精疲力竭地工作。我们珍爱自己的家庭，却每天对他们毫无耐心。你真正想要的是什么？你内心最渴望的是什么？

当你这样问自己的时候，你可能会返回到“得到幸福，远离痛苦”的原始愿望上去。并不是说我们亦步亦趋的目标对高质量的生活不重要，而是说，问一下“为什么”会对我们非常有帮助。为什么我想要幸福的家庭？为什么我想要保持健康？这样的追问是需要勇气的，而自我同情练习的最终成功，依赖于你对快乐和健康的投入程度有多深。如果你没有彻底思考过自己纷繁复杂的责任和目标，你就很难最大限度地从自我同情练习中获益。

我们应该对自己的核心目标抓得多紧？就像握着一只钢笔一样，既不要太紧，也不要太松。太紧了会容易抽筋，而太松了又会让钢笔从手中滑落。另外，请不要急躁。我们越是对自己的体验习以为常，我们的生活就变得越快。洞悉冥想协会的创办者之一，约瑟夫·戈德斯坦，建议要“轻松地坚持”。

另外，试着让你的目标尽可能地愉快一些，因为我们会很自然地逃避困难的行动。如果不能带来愉悦感，可以进行适当的调整。比如说，不要这样想：“现在我必须去冥想了！”当你坐下冥想时，对自己说：“我现在唯一要做的事情是，尽可能关爱地、开心地陪伴自己。”然后利用你的技巧——单焦点觉知、开放范围性觉知，以及慈爱——去弄明白应该怎样做。让它变得轻松起来，即便它本来不是这样。

冥想没有你想象的那么难

许多冥想者都有一个不光彩的秘密：他们练习的时间并不像自己说的那么多。试图在“你进行了多长时间的冥想？”这样一个问题上得到一个明确的答案，可能就像在问一个人性生活方面的秘密或者他能赚多少钱一样。我自己也常常如此。如果哪一天我们相遇了，我希望自己能谦虚地、真诚地，并带着自我宽恕来回答这个问题。在我们没有达到自己的期望时，请宽恕自己，这是坚持冥想练习所需要做的第一步。下面给出了另外一些建议：

我应该坐下来吗?

大多数人不会进行正式的端坐冥想，因为大部分人在闭上眼睛的时候都不会感觉很舒服。或早或迟，我们会因为心理或者身体的不适跳起来。为什么要折磨自己呢？端坐冥想的全部目的就是为了弄明白，怎样才能尽可能快乐地居住在自己的身体之中。可以认为，端坐冥想就是抛开其他任何义务和责任而“存在于此”的一刻，然后，从这个起点出发。

我们并不需要端坐冥想，但是我们需要练习。练习的意思是：“通过多种形式的重复而进行的系统性训练。”我们是在训练大脑以一种更强壮、更健康的方式运转，就像运动员训练自己的身体一样。神经心理学之父唐纳德·赫布曾经说过：“一起活跃的神经元会聚集在一起。”重复练习是很重要的，但是却不一定会无聊：我可以很高兴地说，尽管冥想很古老、很熟悉，但是大部分时候它仍然能给我带来许多乐趣，因为每一刻的时光都是新的——以前从未相遇，以后永不重逢。

在何时、以何种方式进行你的练习，由你的个人喜好以及生活环境来决定。就像我之前提到的，最容易的练习方式是非正式的：在你感觉到任何不舒服的情绪时，保持觉知，并且用关怀去回应。正式的端坐冥想是更集中的练习，有机会更长时间地集中在当前的任务上，并且在更深的层次上进行学习。但是，端坐的最终目的是改变你的日常生活，而不是进入全新的觉知状态。最有效的计划应该同时包含正式（端坐）和非正式（日常生活）的练习，以达到相辅相成的效果。不管你决定做哪一种，如果它没有从根本上让你感觉愉快，它就不是自我同情。

先迈出一小步

每个人都能进行端坐冥想——只要你将它缩减到足够短。养成这种习惯的最简单的方式是，遵循“3 秒钟原则”：端坐 3 秒钟。还有谁做不到吗？如果你之前曾经做过某种练习，现在想让它重新恢复活力，可以计划一下，端坐下来很短的一段时间。三秒钟的冥想能够克服练习最大的障碍：起步。一旦你已经坐了下来，想要再保持更长的时间就很容易了。

预　想

如果你想在早上冥想，当你还在床上的时候，就可以通过预想这一天前 10 分钟的景象来作为开始。你会先去洗刷，然后开始冥想？还是先去洗刷，喝一杯茶，冲一下澡，然后再冥想？如果你可以在脑海中看到这些事情如何展开，就不容易被早上各种任务的紧迫牵引了心神。类似地，如果你在下班后或者上床前冥想，也可以尝试事先预想一下你将在何时、以何种方式走到你冥想的座位上。

让它变成集体活动

定期与那些跟你一样对冥想感兴趣的人会面，会对你有很大帮助。如果你没有这样的机会，也可以尝试与那些有同情心的朋友通过电话交流，还可以去访问那些冥想者们分享经验的网站。

学　习

我们的生活往往是在被这样的文化价值观所驱动：追求一切自己渴望的东西。而冥想则培养我们完全相反的能力：渴望我们已经拥有的。用智慧和同情写就的书籍能够给练习带来无价的支持。它们可以成为你一路上最好的同伴。

找到一位教练

有了一位教练，你就有机会从前人那里学到经验。一位有能力的教练可以让你明白，你在将哪些不必要的困难带进练习之中，也可以帮助你剥除误解，摆脱怀疑，并且给你鼓励。优秀的教练既可以通过语言，也可以通过榜样作用，给你带来启发。

在西方，现在仍然没有多少冥想教练，所以在你周围的地区找到一位个人教练可能会很困难。大多数西方的练习者会穿越很远的距离，进行静修，并且从许多教练那里学习。但是，如果你找不到一位个人教练也无须太过烦恼。教练只会跟你一样优秀，而且最终能够改变你的只有你自己。

进行静修

静修是一个绝好的机会，可以让你对练习进行学习，深入到困难领域，或者接受更进一步的训练。一般会持续几天到几个月。静修的大部分时间都是在安静之中度过的，除了每天的冥想指导，与教练的讨论，以及个人会面等。安静的独处能够让我们把那些在日常生活中无法认识到的、深藏的情绪难题剥离出来，从而让我们学会应用冥想的技巧。

两年以前，在一次冥想中，静修主教练轻轻拍了一下我的肩膀，非常温柔地告诉我，我的父亲刚刚过世了。我离开那里去联系我的家人，同时安排葬礼的事情。当一切都安排妥当之后，我又回到了静修的地方。坐在自己深深的悲痛之中，我有时候哭泣，有时候微笑，有时候后悔，有时候又涌起对父亲的爱，我意识到了有一位有同情心的人陪在身边会对你的痊愈多么有帮助，即使他一句话都不说。

每种尖锐情感的背后，都隐藏着某种柔软的感情

当你由自我觉醒走向自我同情时，许多问题会显露出来。问题是练习的一个重要组成部分。一个好奇的、欢迎的心态，与一个细心表述的问题能够在你脑海中开辟一方空间，让答案完全自动地浮现出来。你可以学着信任这样一个过程。但是下面这些问题你可能已经遇到了：

“我的练习给自己带来了许多改变，所以我想要分享我的财宝。我应该怎样让家人也加入进来？”

一般而言，最好保持自己练习。不要试图说服他们跟你一起练习，从而让你心爱的人烦恼。如果他们注意到了你对他们的好意，会自然地产生好奇。在我们自己改变之后，我们最亲近和最珍视的人也必然会被这些练习所转变。他们会生活在一种更融洽的氛围之中。

小孩子会如何自然地喜欢上自我同情练习是一件很有趣的事情。一位两岁宝宝的母亲给我发了这样的 e-mail：

那时我们正从佛蒙特州南部开车回家。当我们卡在

阻塞的交通之中时，米亚已经在车座上待了差不多一个半小时了（对一个两岁的小孩子来说，这已经非常难得了）。这时候她再也忍受不了一直坐在车座上了，小家伙就要开始崩溃了。看着孩子这么难受，我却什么都做不了。为了应付这样糟糕透顶的痛苦，我开始大声地重复慈爱格言。让我惊奇的是（也让我们俩都得到了极大的宽慰），在我开始说的那一刻，米亚也开始对每一句格言给予肯定的回应，并且马上平静下来。我们的声音构成了简短而美妙的节奏：

我：愿我们心中充满宁静。

米亚：呀。

我：愿我们心中充满欢愉。

米亚：嗯。

我：愿我远离痛苦。

米亚：噢。

我：愿我们舒适地生活。

米亚：嗯。

这样的对话持续了几分钟，然后她好了起来。我特别地惊讶，因为这时候我已经准备要给她唱歌，或者到后座上跟她玩耍，好让她平静下来。

我还注意到这样一件事情：有时候，到了睡觉时间她却还不能安静下来，我就会对自己说慈爱格言，这时候好像整个房间的气场都发生了变化，她能够马上感觉到，然后安静下来。

对小孩子们来说，自我同情很容易到来，因为他们还没有被社会环境所污染——他们的生活仍然与我们天性的愿望很接近：希望得到幸福，远离痛苦。一位母亲告诉我，使用“我们”对小孩子们特别有效（“愿我们幸福……”），因为他们对“我”和“我的”感觉很不稳定。当孩子长大一点儿以后，为了帮他们更富有自我同情心，问他们这样一个问题会很有帮助：“你最好的朋友现在会对你说什么？”一旦你已经扎实地投入到练习之中，可以利用你的创造力探索多种方法吸引你的孩子加入进来。

“我是否应该总是将自己的需要放在第一位？”

在与别人的关系中，我们需要互相倾听，才能得到快乐。这也就意味着，我们有时候必须先将自己的需求放在一边，去了解对方的感受。但是就像你在第一章中读到的关于苏珊和迈克尔的小插曲，要想拥有幸福快乐的人际关系，就不能完全将自己的需求置之不理，而是要让自己内心深埋的伤痛被看见，被听到，至少要让自己明白。

特罗伊和爱丽丝已经在一起生活了 8 年，他们收养了一个 4 岁的小男孩。爱丽丝以前生活在一个关系紧密的大家庭中，每次在餐桌上家人都会大声地吵吵闹闹，互相讨论；而特罗伊原来的家庭却很静默，而且常常会因为压抑的怨愤而郁郁寡欢。特罗伊很难容忍情绪的爆发，因为在他小时候，父母之间会很快由此演化出一场暴力。他是一位性格内向者，自己会慢慢让心情平复。当特罗伊和爱丽丝在怎样抚养儿子的问题上发生矛盾时，爱丽丝要求特罗伊跟自己讨论，而特罗伊却缩到卧室里躺在床上。爱丽丝是一位性格外向者，更喜欢与别人面对面地解决问题。在特罗伊躲起来以后，爱丽丝变得非常焦躁，开始大吼大叫。由疏离引起的痛苦让爱丽丝难以忍受，她在原来的家庭中从来没有过这样的感受。由于他们之间不再有足够的空间，可以互相倾诉各自对孩子抱有的希望和梦想，最后爱丽丝伤心地离开了，而特罗伊则感觉很害怕。

在经过 3 个月的伴侣治疗之后，我问他们："在你们吵架的时候，如果需要牢记一件事情的话，那么，你们觉得应该是什么？"

特罗伊说："不要评判自己。"因为当爱丽丝向他大吼的时候，特罗伊感觉自己像一个"极其令人讨厌的人"。

爱丽丝则说："接受不快。"因为爱丽丝与丈夫结婚之后，她期待着在特罗伊的陪伴下会一直幸福快乐。她从未预料到特罗伊在吵架的时候会躲起来，这让她感觉很孤单，像被离弃了一样。特罗伊和爱丽丝将他们的领悟融入到了练习之中。爱丽丝发现，承认特罗伊退缩之后自己感觉很痛苦，但能够帮助她"暂时将自己的感受放在一边，甚至很乐意这么做，然后带着接受和耐心去弄明白为什么特罗伊会如此"。这样就能够让特罗伊从角落里走出来，并且让爱丽丝想起他是一位多么重要的伴侣。

自我觉醒和自我同情能够改善我们绝大多数的人际关系，但前提是，我们要愿意去感受与这些关系纠缠在一起的不可剥离的伤痛。当我们拒绝接受自己的痛苦时，就是在离弃自己所关爱的人，也是在离弃自己。但是当我们能够向内心出现的任何感情靠近时，就能真正地互相陪伴，互相支持。

“我到底能不能克服抗拒和逃避情绪伤痛的冲动？”

不能。推开伤痛的本能反应是固化在我们身体之中的。我的一位病人曾经说道：“想要排除烦恼的渴求就像‘希望’一样——永远都不会停下来！”我们总是有可能因为试图逃避情绪伤痛而自寻痛苦，只不过自我觉醒和自我同情练习可以让这样的时间越来越少。

吉奥夫是一个特别聪明的小伙子，一个电脑奇才。他会为各种事情焦虑：他的孩子、工作、钱财、婚姻，还有身体健康等等。在治疗中，吉奥夫很快就明白了“你抗拒的东西将会持续”这一思想。他是一位理想的病人，练习非常勤奋，每天进行两次持续20分钟的正式冥想，日常生活中每当自己感觉焦虑的时候就进行非正式的冥想。一个月以后，当我问到他的努力有没有得到回报时，他回答自己并不确定。尽管他那么努力，现在仍然感到焦虑。

吉奥夫正处于治疗中的“幻灭”阶段。他练习的目的是为了减少焦虑，为了“将焦虑安慰走”，这也是另一种形式的抗拒。吉奥夫是一位“工作狂”，也是一位“理智者”——他知道应该如何为达成目标而努力，而且对他而言，要找到自我同情的感觉需要较长的时间。领悟到这些以后，吉奥夫渐渐不再强调要努力达到自我同情，而是仅仅在感觉糟糕的时候给予自己关怀：“这样好痛，愿我能舒适地生活。”他不再将自我同情看作是一项“工程”，而是开始作为一个需要关爱的焦虑的年轻人，好好生活在当下。

理智的人一开始会认为自我同情这一概念就是它本身而已，但是概念上的理解仅仅是第一步。对不适的抗拒是一种大脑皮层之下的过程，发生在内心的层面上；同样，自我同情只有在这个层面上起作用时，才能达到最好的效果。但是，即使同情深入进去之后，抗拒仍然不会停息。只要我们还居住在人类的躯体之中，练习就是必不可少的。

“自我同情会不会变成自动的反应？”

是的，在某种程度上，当你期待最少的时候，变化才会降临到你的生活中。比如当你将钥匙锁在车里的时候，或者你在某个重要的会议开始一个小时之后才出现的时候，你可能会非常惊讶地发现你已经变得多么善解人意了（“我想我最近可能过于专注了”），而不是再自我批评（“你这傻蛋！”）。

我曾经有位病人，名叫爱子。在开始练习之前，爱子从未接触过自我同情。六个月之后，当爱子向我描述她每天的日程表上都是各种迫在眉睫的最终期限时，我禁不住大声问她，还记不记得要对自己有同情心。爱子回答说，仅仅通过说“同情”这个词，就能让自己流下眼泪，并且让身体缓和下来。另一位病人告诉我，他只需要“关怀”这个词，就能唤起这种感情。

通过充分练习“关怀”和“同情”，可以不需要太多语言就能触发一系列的有益反应——舒缓身体，放任不愉快的情绪通过，或者关爱自己，等等。在更深的阶段，只需要一闪念的觉知（“哎哟！”），就足以让自我同情到来。

“我的问题出在自己的行为上！我要怎样才能改变？”

我们所有人都会有一些不值得效仿的行为。这些行动往往源于我们的心智模式。

凯撒是一位中年爵士音乐家，他的心智模式是“怀疑”和“失败”。凯撒白天在一家办公用品店里工作，时常会强烈地抱怨现实，抱怨自己的怀才不遇，抱怨自己到这个年龄还得不到应有的回报。每次当他的老板对他的所作所为提出质疑时，凯撒总是带着怒气尖酸刻薄地回答他。这样的行为导致他连续换了几份工作仍然不满意。

我认识凯撒两年以来，他对上司的抱怨一直重复着同样的模式。凯撒自己也注意到了这个模式。他向我倾诉说，他的问题就是容易愤怒，然后很痛惜地说：“愤怒就像毒药一样，让我恨不得别人死去。”凯撒明白，纠正这个问题需要从内心付出努力。我问他，老板的批评对他而言代表着什么。“我不再能支撑我的家庭，”他说，“只有我一个人在工作。我永远都不能赚到足够的钱来做我的音乐。”凯撒更直接地说，“我就是个失败者。”

我向他解释，对自己的关怀是从根源上转变愤怒的一种方式。凯撒是一位特别有创造力的人，他决定每当自己感觉像一个失败者的时候，就在脑海中想象一个“睿智的身影用他的双臂拥抱我”。仅仅一个星期以后，凯撒感觉自己在工作时不再那么敏感了，他明白自己找到了一种方法，在感觉受到侵犯时能够抚慰自己，他对老板愤怒的反驳也渐渐不再出现了。

我们在每种尖锐情绪的背后，都隐藏着某种柔软的感情。

在上面这个案例中，愤怒是一种尖锐的情感，但在那些愤怒言辞的背后，隐藏着的却是深深的失败感。如果我们明白了这一点，就能对威胁自己的尖锐情感做出灵活的反应，不再被迫以习惯性的方式行动。我们并不是在试图直接改变尖锐的情绪，或者将它们直接赶走，而是要与尖锐的感情培养起一种柔软的关系，从而让它们有机会自己作出改变。

“变得温柔会不会让别人乘机利用？这真的是最好的方式吗？”

生活中的许多情况都需要我们拥有坚强的精神。某些人格，比如“漂浮者”或者受“厌倦”困扰的人，可能需要一点点积蓄内心的力量，才能去面对生活的挑战。由于这些人的惯常选择是默许，所以当他们被困在某种糟糕的情况之中时，会遭受更多的痛苦。当别人在伤害我们的时候，一定要为他们的行为划定界限。

宝拉是一位物理治疗师，结婚已经四年了，丈夫凯勒是一个优雅帅气又受过良好教育的男人。他的家庭有很长的酗酒史，在他们结婚一年以后，凯勒也陷入了同样的困境。一开始宝拉很同情他，而且很喜欢他在清醒的时候陪在自己身边。但是随着时间越来越长，她发现自己成了这个家庭唯一的经济来源，而丈夫给她的感情支持也越来越少。当她开始跟一位同事在午饭时间打情骂俏的时候，宝拉决定她必须要采取行动解决自己的家庭问题了。

但是凯勒拒绝承认他的酗酒问题，于是宝拉到匿名戒酒协会去寻求帮助。在接下来的3年里，宝拉一会儿为凯勒伤心，一会儿又对他十分恼怒，因为他在感情上和经济上离弃了自己和两个孩子，而且还拒绝戒酒。宝拉的努力在匿名戒酒协会得到了肯定，让她有勇气就离婚问题寻求法律上的建议。听到这样的消息之后，凯勒仍然拒绝承认他有什么问题，反而将他的酗酒归罪于宝拉和自己不幸的婚姻。宝拉一直将离婚看作万不得已的手段，而且她为此感到十分难过，似乎上帝会对她失望。她陷入了羞愧和自责之中。后来宝拉每天晚上下班回家都看到丈夫端着一杯马丁尼坐在电视前，于是她内心深切的悲痛敞开了。“我应该得到快乐，”宝拉听见自己说，“我也需要放松的时刻。永远的孤独、愤怒和悲痛不是我应该得到的。”宝拉最终离开了她的丈夫。

如果我们开始关注自己内心的体验，并且接受自己真正的感受，包括不开心、没有方向感、空虚、羞耻和绝望等等，我们就会找到积蓄的力量和决心。就像保护孩子的母亲一样，内在的温柔往往会带来外在的坚强。为别人划定界限的前提是了解自己的界限。

“如果决定情绪治疗的关键性因素是当前我对伤痛和痛苦的态度，这是不是意味着我可以直接把过去抛在脑后？”

这个问题让我回想起自己与心理治疗师们进行的许多讨论，他们被训练要探索病人的童年经历。了解过去如何塑造了自己其实是很重要的。我们的核心情绪习惯是觉知性自我同情的重要对象，而且了解自己生活的细节能够帮助我们更彻底地接受它们。

还记不记得米歇尔，第一章中提到的，那个没办法控制自己脸红的姑娘？米歇尔从小就是一个极其敏感的人，比她的三个兄弟都严重。她的父亲是一个非常严厉的人，而且当他对孩子心烦的时候在语言上从来都毫不遮掩。米歇尔是一个漂亮的孩子，因为出众的外表吸引了许多注意，但是在学业上却一直不怎么顺利。每个要开学的九月都让她深深恐惧，特别是在刚刚度过了一个无忧无虑的夏天之后。后来米歇尔非常勤奋地投入到了自己的学业上，最终从一所很有名的大学毕业了。

但是，在内心深处，米歇尔总觉得自己像一个骗子。虽然她的成就远远超过了自己的父母，但她却认为这是因为自己花了更多时间，而不是因为自己的才智和能力。更可怕的是，她已经把父亲的指责内化成了自己的一部分。当米歇尔接受工作面试时，她觉得自己的无能肯定会暴露，特别是在遇到男性面试官的时候。

当米歇尔发现以接受为基础的方法能够让自己的脸红停止时，她十分高兴，并愉快地进入了短暂的迷恋阶段。但是迷恋很快就变成了幻灭，而且她这个阶段徘徊逗留了许久许久。仅仅“接受”她的脸红还不够——必须找出一些更深层的原因。出乎意料的是，在又一个秋天，当米歇尔情绪又低落下来的时候，她找到了突破口。她不明白自己为什么会有这样的情绪，只要她一联想到入学，她的心情就非常地糟糕。“爸爸总是说我不如哥哥们聪明。而我从来都无法证明他是错的。这种感觉坏透了。”

领悟到这些之后，米歇尔开始去感知留在自己内心深处的伤痛。接受脸红意味着自己就是一个彻底的失败者——不值得被喜爱。米歇尔开始伤心地回想自己在学业上挣扎奋斗的岁月，还有那些自我怀疑和悲伤。不知为何，这样做了以后，她开始感觉到自己更像普通人，更像自己了。同时，米歇尔知道了自己的感情潜伏得有多深，于是对治疗的进程变得更加有耐心。她给了自己三年的时间来学习如何在脸红的时候增进自我接受。另外，作为辅助手段，每当米歇尔感觉难过的时候，她就想象上帝在轻拍她的肩膀。当她开始脸红时，她还会这样说：“愿我喜爱原原本本的自己。”为了请她允许我把她的故事写进书里，我最近给她打了一次电话，距离我们最后一次见面已经有一年的时间了。她告诉我自己几乎不会再想着脸红的事情了。

就像诗人内奥米·希哈布·奈所说，自我同情拥有“每个细节的光芒”。为了接触到我们日常体验的深层含义，必须联系生活的细节。就米歇尔而言，她一直不能与自己情绪上的伤痛联系起来，对其获得一种源于内心的感触，直到她明白了这种感情的根源，以及它在自己生命中画下的漫长轨迹。之后，她终于可以用自我同情来处理这种深藏的、真真切切的体验。自我同情并不是一种绕开自己个人问题的方法——它会帮助我们在这些问题之中过一种饱满的生活。

“自我同情确实给了我很多帮助，它是不是一种情绪上的万灵药呢？”

当生活平静地流动时，自我同情的元素总是存在——关心自己，容许自己开开心心地生活。但是我们要小心，不要在所有的情况下都把自我同情强加给自己。有时候我们需要从伤痛上移开视线，好让它更容易处理；有时候我们需要进行冥想；而其他时候我们则什么都不用做。自我同情并不是万能的灵丹妙药。

也有些时候，我们需要对自己的情绪摆出强硬的态度。这并不意味着拒绝它们，而是说，在某些情况下，比如在面对虐待、冲突，或者做急救工作等等情况时，我们需要心无旁骛地集中在当前的任务上，直到可以处理自己的感情。我们生活中的挑战过于纷杂，仅仅依靠自我同情并不能起到良好的效果，但是，通过将其与其他可用的工具相结合，可以让生活容易得多。从长远来看，最终能够让我们的生活更加快乐的是，做有同情心的事情。

虽然听起来可能很奇怪，但是在心理指导中我一般会试着避免使用“自我同情”这个术语，因为它会设立一种标准，如果以此为衡量，我们所有人都会失败。自我同情并不是一种“东西”，我们要么“有”，要么“没有”。作为一名练习者和心理医师，我会试着对情绪伤痛保持开放接受的状态，在一呼一吸之间将关怀送入其中，从一个瞬间到下一个瞬间。

痛苦不会从生活中消失，只会消失进生活里

自我同情是一项长期的探险。你几乎马上就能认识到自己身上发生的变化，但是发生在底层的、心态上的转变是一个缓慢的增进过程。最好用长远的眼光来看问题——给自己一生的时间用来练习。但是一定要注意到自己在路上的进程。就像我的好友，冥想教练特鲁迪·古德曼所说：“自我同情永远不会成为既定事实，永远不会‘已经到来’。”

自我同情评估

如果你在读第四章的时候已经做过“自我同情评估”，现在可以重新测试一次，看一下自己进展如何。确认一下自己在自我关怀、共通人性和自我觉醒上的分数有没有提高，同时在自我评判、自我疏离和过度沉迷上的分数是否有所下降。

自我同情日志

一个月的时间已经足够让我们发现自我同情的改变力量。在两个月内，你可能已经把沉迷和幻灭阶段都经历过了。我常常推

荐刚入门的练习者至少要记 3 个月的日志，以探究练习的起伏变迁。记日志能够为你提供机会监控习惯的变化，解决疑难，而且更重要的是，能够注意到你有没有采用新的方式来应对生活中的问题。另外，“书写”这种简单的行为也能强化你的目标。

让你的日志简单而便于使用。你可以在电脑中保存一份打开的文件，或者每天给自己发一封载有记录的 e-mail，或者只是在一本便笺本上简单地记一下，一直把它放在手提包或者口袋里。记下那些微妙的变化，比如不期然在你脑海中闪现的关怀的词句。如果你不喜欢用笔记录，也可以在脑海中记下这些变化，或者跟对你的进程有兴趣的人谈论一下。一部《自我同情日志》看起来可以是这样的：

第 12 天

昨天晚上睡得很差，感觉很烦躁。喝完咖啡后进行了 20 分钟的端坐冥想。为了感觉好一点而冥想，根本不管用。当我干脆放任自己，并且默念那些格言之后，感觉好多了。在上班的路上，我继续念着我的格言，但是后面的一整天都忘了。临睡前我要再试一下。

第 13 天

昨晚睡得好点了，可能是因为那些格言。今天一直都没有时间冥想。但是在洗澡的时候有意地享受了一下热水的感觉，有些不一样。因为我没有冥想，所以向自己承诺要在白天多说一下格言。当我的电话响起时，我注意到上面显示的是日托中心。我先说了一下“平安，平安，平安”，然后才接通了电话。这是第一次，结果没什么问题，但是不管怎样我还是感觉好了一些。

第 14 天

早上坐着冥想了 10 分钟。起床之前预想一下确实有帮助。我更喜欢 20 分钟。10 分钟都还没做完呼吸部分。提前想象一下自己在忙碌的一天开始之前一个人坐着，并且让一切都按照自己本来的样子运行，感觉很不错。一天中这样的时刻只有那一会儿。我一般都会努力把事情做完。

回家的路上，汽车以前咔啦咔啦的响声又出现了。%$#@&*！我是说，慈爱！

第 15 天

醒来的时候，我说了一句“别怕”。没明白为什么要说这句话。我是家里的中坚分子！早上慢慢不那么懒了，可能是因为我现在上床早点儿了。要让乔什出门仍然是一件痛苦的事情，可能我应该对他唱慈爱格言。

记日志本身就是一种带有冥想性质的练习，也是一种自我同情训练。你在珍惜自己独有的体验，即使它稀奇古怪、惶恐不安，或者让你迷茫失措。

如果你不知道如何开始记日志，可以试着写一些具体的问题，比如对一位在工作中很懒惰，却得到表扬的同事所产生的不满，或者你正在制定的某个文件及其进展情况。也可以记一下自己已说过的："愿我喜爱自己原原本本的样子。"还有效果怎么样。另外，如果你忘记了练习（这是通往自己旧习惯的光滑斜坡），也请记录下来，然后开动脑筋，想办法给自己支持。

但是，当你在冥想时要避免落入评估自己进度的陷阱。你的思维可能正处于正面的状态，也可能没有，但是仍然在进步。在练习时，集中在练习本身上：当你感觉糟糕时，给予自己关怀。要么将注意力锚泊在自己的呼吸上，要么坐在一边，以一种善意的、内心敞开的方式观察自己内心的一幕幕戏剧。让自己一直投身于当前的任务之中，在做完之前不要去评判效果如何。

你还可以通过观察自己在日常生活中的情绪来衡量自己的进度。你有没有感觉自己比以前快乐，更有自信，或者压力有所减轻？更重要的是，当情况变糟糕时，你是否在给予自己越来越多的美好意愿？当你的膝盖撞到茶几上时，你会说"哎哟！好疼！

都在这儿吗？

愿上帝给你关爱”，还是会脱口而出“你这个笨蛋”？你有没有在用自我关怀、自己的人性感和坦然放开的能力，去慢慢代替自我批评、自我隔离和自我沉迷？如果有的话，请记下来。

通往幸福安宁的道路没有尽头。每当我们认为自己已经抵达时，新的挑战已经又竖立在我们面前，于是我们又要重新开始。我之所以要写这本书，就是为了打破这样的幻觉：我们可以提高自己，把自己推到某一点，这时情绪上的伤痛只不过是一种过去。另一条更有效的途径是，只要我们仍然活着，仍在呼吸，就要培养不同寻常的关怀——对自己的关怀。用冥想教练皮马·柯德伦的话来说：“……经过这么多年以后，我们仍然会疯狂；经过这么多年以后，我们仍然会愤怒；我们仍然会胆怯，会嫉妒，也会被自己一无是处的感觉充满心房。最重要的是……不要试图抛弃自己，或者变成某个更好的人。它所说的是，与现在的我们成为朋友。”

切记，痛苦不会从生活中消失，只会消失在生活里，而自我同情会让你的生活焕然一新。